KB274107

해설이 있는

교양 이탈리아어

이 기 철 지음

1945
MYM
문예림

저자 **이기철**(Lee, Ki Chul / E-mail: kichulee@hanmail.net)

- 한국외국어대학교 이탈리아어과 졸업(학사)
- 한국외국어대학교 대학원 이탈리아어문학과 졸업(석사)
- 베네치아 국립대학교 대학원 이탈리아문학과 졸업(박사)

- 현재, 서울대학교, 한국외국어대학교, 한국예술종합학교에서 이탈리아어를 강의하고 있다.
- 논문으로는 「벱페 페놀리오의 작품에 나타난 안개의 이미지」, 「시칠리아 구비문학에 나타난 기독교」, 「한국과 이탈리아의 민담비교연구」등이 있으며, 저서로는 『입에서 톡 이탈리아어』(문예림), 『유럽의 축제 문화』(연세대) 등이 있다.
- 역서로는 『세계민담전집: 이탈리아편』(황금가지), 『참새의 비행』(바오로 딸), 『미래는 아름다운 날이야』(다름) 등이 있으며, 세계 키위 총회, 이탈리아 와인 세미나, 한국-이탈리아 경제 포럼, 이탈리아 프로디 총리 및 보니노 통상부 장관 동시통역, 나폴리타노 대통령 공식 방한 수행통역 등을 담당하였다.

초판 2쇄 인쇄 2011년 3월 10일
초판 2쇄 발행 2011년 3월 15일

저   자 : 이기철
발 행 인 : 서덕일
발 행 처 : 도서출판 **문예림**
출판등록 : 1962년 7월 12일 제 2-110호
주   소 : 서울 광진구 군자동 1-13 문예하우스 101호
전   화 : 02-499-1281~2 / 팩스 : 02-499-1283
http://www.bookmoon.co.kr / E-mail : my1281@lycos.co.kr

· 잘못된 책은 구입하신 서점에서 교환하여 드립니다

ISBN 978-89-7482-402-0 (13780)

머리말

    이탈리아어는 문화 분야에서 매우 중요한 위치를 차지하고 있는 언어로서 이탈리아어를 전공으로 하는 학생들 외에도 음악, 미술, 디자인, 건축, 음식 등에 관련된 분야의 종사자들이 주로 필요로 하는 언어이다.

    영어라는 언어에 익숙해져 있으며, 고등학교에서 프랑스어, 스페인어, 독일어 등의 제 2외국어 교육이 소멸해가고 있는 이 시대에 이탈리아어를 학습한다는 것은 그리 쉬운 일만은 아니다. 더욱이 이탈리아어는 라틴어에서 파생된 프랑스어, 스페인어 등과 마찬가지로 명사에 남성과 여성, 그리고 단수와 복수가 존재하며, 이에 따라 관사, 형용사 등의 형태가 변하고, 말하는 사람의 표현 방식과 시제에 따라서 동사가 여러 가지 형태를 취하는 언어이기 때문에 처음 학습하는 사람에게는 어렵게 느껴지는 것이 당연하다.

    필자는 그동안 이탈리아어를 전공하고, 교육한 경험을 바탕으로 다음과 같은 점에 중점을 두면서 이 책을 저술하였다.

    첫째, 이 책은 이탈리아어를 처음 학습하는 분들을 위한 책이다. 이를 위하여 초보자들에게 문법적 내용을 단순하게 제시하기보다 문법에 대한 해설을 통하여 그 내용에 대한 이해를 돕는데 노력하였다.

    둘째, 문법의 해설에 있어서 학습자들이 기본적으로 반드시 알아야 할 문법적 개념을 담는데 노력하였다. 그러므로 이 책의 내용을 학습자들이 잘 이해한다면 중급, 고급으로 가더라도 예외적인 문법 내용을 제외하고는 큰 어려움이 없을 것이다.

    셋째, 문법 내용을 설명하는데 있어서 일상생활에서 발생할 수 있는 상황을 미리 제시하였다. 이를 통하여 학습자들은 문법과 회화가 별개의 것이 아니라, 일상적인 대화 속에 문법적 내용이 스며있음을 이해할 수 있을 것이다.

    넷째, 이 책에서 이탈리아어로 된 대부분의 내용을 녹음하였다. 이 녹음자료를 통하여 학습자들은 이탈리아 원어민의 발음과 강세 등을 직접 들으며 훈련함으로써 눈으로만 이탈리아어를 배우는 것이 아니라 귀로도 학습할 수 있는 기회를 갖게 될 것이다.

    다섯째, 각각의 문법 해설 마지막 부분에 유머 코너와 간단한 연습문제 코너를 삽입하였다. 유머는 단순한 웃음거리가 아니라 자세히 살펴보면 그 과에서 학습한 내용이 들어있다. 연습문제 또한 학습자들이 반드시 알아야할 문법 내용을 확인하도록 한 것이다. 이 코너를 통하여 학습자들은 자신이 공부한 문법 사항을 다시 한 번 반복할 수 있는 기회를 갖게 될 것이다.

    이 책을 저술한 목적을 한 마디로 요약한다면 문법 중심 방식과 상황 중심 방식의 장점을 활용함으로써 이탈리아어의 학습에 있어서 정확성과 유창성을 함께 교수하고자 하는 것이다. 처음 이탈리아어를 공부하는 학습자들은 녹음 내용을 들으면서 책을 보고 따라 읽는 연습을 충분히 하기 바란다. 반면에 이탈리아어를 어느 정도 이미 학습해서 읽고 쓰는데 불편함이 없는 학습자들은 책을 보지 말고 녹음 자료를 먼저 받아 적고난 후에, 자신이 받아 적은 것을 책과 맞추어 보는 방식으로 학습하기 바란다. 초보자들도 가능하다면 3과 이후부터는 인내심을 가지고 받아 적기를 먼저 하는 방식을 시도해보라고 권하고 싶다. 듣는 만큼 말할 수 있기 때문이다.

    마지막으로 이 책을 세상에 내놓기까지 가르침을 주신 모든 분과 출판을 위해 수고해 주신 문예림에 깊은 감사를 드리며, 이 책을 가지고 공부하는 분들에게 좋은 결과가 있기를 기대한다.

    사랑하는 가족의 마음을 항상 생각하며...

2007년 7월

이 기 철

차례

1. 알파벳과 발음   **7**
 1.1. 알파벳 ➡ 7
 1.2. 발음 ➡ 9

2. 강세   **17**

3. 관사   **21**
 3.1. 부정관사 ➡ 22
 3.2. 정관사 ➡ 24
 3.3. 부분관사 ➡ 27
   ✱ 요일, 달(月), 계절. ➡ 28

4. 전치사   **29**
 4.1. 본질적 전치사 ➡ 30
 4.2. 전치사관사 ➡ 37
 4.3. 비본질적 전치사 ➡ 37
 4.4. 전치사구 ➡ 38

5. 명사   **42**

6. Essere 동사   **51**

7. Avere 동사   **57**

8. 형용사   **61**
 8.1. 품질형용사 ➡ 63
 8.2. 한정형용사 ➡ 68
 8.3. 형용사의 비교급 ➡ 80
   ✱ 시간 표현 ➡ 85

9. 대명사   **87**

9.1. 인칭대명사 ➡ 88
9.2. 소유대명사 ➡ 98
9.3. 지시대명사 ➡ 99
9.4. 부정대명사 ➡ 100
9.5. 관계대명사 ➡ 102
9.6. 의문대명사 ➡ 107
9.7. 감탄대명사 ➡ 109

10. 동사의 법과 시제   **114**

11. 동사 1: 직설법   **123**

11.1. 직설법 현재 ➡ 123
11.2. 직설법 근과거 ➡ 133
11.3. 직설법 반과거 ➡ 144
11.4. 직설법 대과거 ➡ 150
11.5. 직설법 원과거 ➡ 153
11.6. 직설법 선립과거 ➡ 155
11.7. 직설법 단순미래 ➡ 156
11.8. 직설법 선립미래 ➡ 159
　　* Ci의 용도 ➡ 149

12. 동사 2: 조건법   **163**

12.1. 조건법 현재 ➡ 164
12.2. 조건법 과거 ➡ 167

13. 동사 3: 접속법   **170**

13.1. 접속법 현재 ➡ 172
13.2. 접속법 과거 ➡ 175
13.3. 접속법 반과거 ➡ 176
13.4. 접속법 대과거 ➡ 178

차례 contents

14. 동사 4: 명령법   **180**

15. 동사 5: 부정사, 분사, 제룬디오   **187**
   15.1. 부정사 ➡ 188
   15.2. 분사 ➡ 191
   15.3. 제룬디오 ➡ 193

16. 가정문   **198**
   16.1. 현실성 있는 가정 ➡ 199
   16.2. 가능한 가정 ➡ 200
   16.3. 불가능한 가정 ➡ 201
    * Ne의 용도 ➡ 205

17. 수동태   **206**
    * 비인칭의 si ➡ 209

18. 화법   **210**

19. 부사, 접속사, 감탄사   **221**
   19.1. 부사 ➡ 221
   19.2. 접속사 ➡ 225
   19.3. 감탄사 ➡ 227

20. 문장의 구조   **228**

제 1 과

알파벳과 발음

1.1. 알파벳(Alfabeto italiano)

우리 주위에는 Spaghetti, Pizza, Caffè, Cappuccino 등의 음식을 비롯해서, Sonata, Presto, Piano 등 음악 용어, Armani, Gucci, Ferrari 등과 같은 제품 상표에 이르기까지 이탈리아어가 많이 사용되고 있습니다. 그만큼 이탈리아어가 우리에게 매우 가깝게 자리 잡고 있다고 생각할 수 있습니다.

이번 1과에서는 이탈리아어를 배우는데 가장 기초적인 알파벳을 학습하겠습니다. 바로 위에서 언급한 단어들을 포함하여 이탈리아어는 읽기가 매우 편합니다. 발음을 하는데 있어서 몇 가지 경우만 제외하고는 **알파벳 자체가 발음기호**라고 생각하시고 그대로 읽어주면 되기 때문에 이번 과에서의 알파벳과 발음 그리고 제 2과에서의 강세를 끝내시면 모든 이탈리아어 단어를 완벽하게 읽으실 수 있습니다.

이탈리아어 알파벳은 영어 알파벳처럼 대문자 및 소문자 모두 동일한 형태를 지니므로 영어를 배우신 분이라면 읽고, 쓰는데 아무런 어려움이 없습니다.

먼저 녹음 자료를 들으면서, 큰소리로 따라 읽어봅시다.

A a [*a* 아]	G g [*gi* 쥐]	O o [*o* 오]	U u [*u* 우]
B b [*bi* 비]	H h [*acca* 아까]	P p [*pi* 삐]	V v [*vu* 부]
C c [*ci* 취]	I i [*i* 이]	Q q [*qu* 꾸]	Z z [*zeta* 제따]
D d [*di* 디]	L l [*elle* 엘레]	R r [*erre* 에레]	
E e [*e* 에]	M m [*emme* 엠메]	S s [*esse* 에세]	
F f [*effe* 에페]	N n [*enne* 엔네]	T t [*ti* 띠]	

이처럼 이탈리아어에서 실제로 사용하는 알파벳은 21개로 모음이 5개(a, e, i, o, u), 자음이 16개(b, c, d, f, g, h, l, m, n, p, q, r, s, t, v, z)로 구성되어 있습니다.

아래에 있는 5개의 알파벳은 자주 사용되지 않는 알파벳으로, 그리스어 또는 라틴어에서 유래된 단어나 외국어 표기에 사용합니다. 녹음 자료를 들으면서, 큰소리로 따라 읽어봅시다.

J j [*i lungo* 이 룽고]
K k [*cappa* 깝빠]
W w [*doppia v* 도삐아 부]
X x [*ics* 익스]
Y y [*ipsilon* 입실론, 또는 *i greca* 이 그레까]

이탈리아어의 경우 알파벳 도표에서 보았듯이 p, q, t를 발음할 때, 발음을 약간 딱딱하게 하는 경음화 현상이 일어납니다. 그래서 p[pi 피], q[qu 쿠], t[ti 티]하고 발음하지 않고, p[pi 삐], q[qu 꾸], t[ti 띠]하고 발음합니다.

이탈리아어의 첫 문장은 반드시 대문자를 사용합니다.

이제 좀 더 자세하게 각각의 알파벳 발음을 살펴봅시다.

    '**A, a**'는 '**ㅏ**' 발음과 동일합니다. 한국어 발음표기 중에 굵은체로 표기된 부분에 **강세**를 주어 발음하시기 바랍니다. 먼저 녹음 자료를 들으면서, 큰소리로 따라 읽어봅시다.

[듣기 3]

    Acqua [아꾸아] 물, **A**more [아모레] 사랑, **A**prile [아쁘릴레] 4월, **A**ereo [아에레오] 비행기, **A**ngelo [안젤로] 천사

    '**B, b**'는 '**ㅂ**' 발음과 동일합니다. 먼저 녹음 자료를 들으면서, 큰소리로 따라 읽어봅시다.

[듣기 4]

    Banana [바나나] 바나나, **B**anca [방까] 은행, **B**ello [벨로] 예쁜 **B**iscotto [비스꼬또] 비스켓, **B**orsetta [보르셋따] 핸드백,

    '**C, c**'의 발음은 '[tʃ] ㅊ' 또는 '[k] ㄲ' 발음을 갖습니다.

    먼저 '[tʃ] ㅊ' 발음이 나는 경우입니다. c다음에 e가 올 경우는 [tʃe], i가 올 경우에는 [tʃi]로 발음합니다. 먼저 녹음 자료를 들으면서, 큰소리로 따라 읽어봅시다.

[듣기 5]

    Cena [체나] 저녁식사, **Ce**ntro [첸뜨로] 시내 **Ci**ao [챠오] 안녕, **Ci**nema [치네마] 극장

    이 이외의 경우는 모두 '[k] ㄲ' 발음을 합니다. 먼저 녹음 자료를 들으면서, 큰소리로 따라 읽어봅시다.

[듣기 6]

    Caffè [까페] 커피, **C**olore [꼴로레] 색깔, **C**ucina [꾸치나] 부엌, 요리, **Chi**esa [끼에자] 성당, **C**lima [끌리마] 기후, **C**reazione [끄레아찌오네] 창조

    '**D, d**'는 '**ㄷ**' 발음과 동일합니다. 먼저 녹음 자료를 들으면서, 큰소리로 따라 읽어봅시다.

[듣기 7]

    Data [다따] 날짜, **D**entista [덴띠스따] 치과의사,

Domani [도마니] 내일, Domenica [도메니까] 일요일.

Due [두에] 둘, Dimenticano [디멘띠까노] 잊다

'E, e'는 입을 양 옆으로 더 벌려서 발음하는 열린음(개음) 덜 벌려서 발음하는 닫힌음(폐음)이 있습니다. 먼저 녹음 자료를 들으면서, 큰소리로 따라 읽어봅시다.

[듣기 8]

개음[è] : Erba [에르바] 풀, Eco [에꼬] 메아리

폐음[é] : Emozione [에모찌오네] 감동, Europa [에우로빠] 유럽

> è의 대문자 형태는 È 이며, é의 대문자 형태는 É : 입니다.

'F, f' 발음은 영어 발음에서의 f와 동일합니다. 아랫입술 안쪽으로 윗니가 스쳐 들어가면서 나오는 발음입니다. 이곳에서는 발음 표기를 해야 하는 관계로 'b', 'v'는 'ㅂ'으로, 'f'는 'ㅍ'으로, 'p'는 'ㅃ'으로 표기하였습니다. 먼저 녹음 자료를 들으면서, 큰소리로 따라 읽어봅시다.

[듣기 9]

Farmacia [파르마취아] 약국, Forma [포르마] 형태,

Fiore [피오레] 꽃, Formaggio [포르마지오] 치즈

'G, g'은 '[dʒ]ㅈ' 혹은 '[g]ㄱ'으로 발음되는 경우와 발음을 하지 않는 '무음'인 경우가 있습니다.

먼저 '[dʒ]ㅈ' 발음이 나는 경우입니다. g다음에 e가 올 때는 [dʒe]로, g다음에 i가 올 때는 [dʒi]로 발음이 됩니다. 먼저 녹음 자료를 들으면서, 큰소리로 따라 읽어봅시다.

[듣기 10]

Gelato [젤라또] 아이스크림, Genitore [제니또레] 부모,

Giardino [자르디노] 정원, Giacca [쟈까] 재킷

다음은 '[g]ㄱ' 발음을 하는 경우입니다. 먼저 녹음 자료를 들으면서, 큰소리로 따라 읽어봅시다.

[듣기 11]

Gatto [갓또] 고양이, Gruppo [그룹뽀] 그룹, Gonna [곤나] 치마,

Ghiaccio [기아취오] 얼음, Spaghetti [스빠겟띠] 스파게티

다음은 'g' 발음을 하지 않는 묵음인 경우는 gli[ʎ]와 gn[ɲ] 의 경우입니다.

gli[ʎ] : 우리말의 '을리'에서 'ㄹㄹ' 발음에 해당한다고 할 수 있습니다. 먼저 녹음 자료를 들으면서, 큰소리로 따라 읽어봅 시다.

[듣기 12]

Consiglio [꼰실리오] 충고, Migliore [밀리오레] 더 좋은,

Meglio [멜리오] 더 잘

gn [ɲ] : gn의 경우는 gna[냐], gno[뇨], gnu[뉴], gni[니], gne[네]로 발음합니다. 먼저 녹음 자료를 들으면서, 큰소리로 따라 읽어봅시다.

[듣기 13]

Bisogno [비조뇨] 필요, Montagna [몬따냐] 산,

Signorina [시뇨리나] 아가씨

'H, h'는 소리가 없는 무음입니다. 먼저 녹음 자료를 들으면 서, 큰소리로 따라 읽어봅시다.

[듣기 14]

Ho [오] 나는 ~을 가지다, Hai [아이] 너는 ~을 가지다,

Ha [아] 그는 ~을 가지다, Hanno [안노] 그들은 ~을 가지다.

'I, i'는 우리말의 'ㅣ'와 같은 발음입니다. 'i' 위에 액센트가 있는 경우는 'ì'와 같이 표시합니다. 먼저 녹음 자료를 들으면 서, 큰소리로 따라 읽어봅시다.

[듣기 15]

Indirizzo [인디릿쪼] 주소, Insalata [인살라따] 샐러드,

Interprete [인떼르쁘레떼] 통역사, Inverno [인베르노] 겨울

'L, l'은 'ㄹ'과 같은 발음입니다. 먼저 녹음 자료를 들으면 서, 큰소리로 따라 읽어봅시다.

[듣기 16]

Latte [랏떼] 우유, Lavoro [라보로] 직업, Leone [레오네] 사자,

Luna [루나] 달

‘M, m’은 ‘ㅁ’과 같은 발음입니다. 먼저 녹음 자료를 들으면서, 큰소리로 따라 읽어봅시다.

[듣기 17]

Mano [마노] 손, Medico [메디꼬] 의사,
Mercoledì [메르꼴레디] 수요일, Moda [모다] 패션,
Musica [무지까] 음악

‘N, n’는 ‘ㄴ’과 같은 발음입니다. 먼저 녹음 자료를 들으면서, 큰소리로 따라 읽어봅시다.

[듣기 18]

Naso [나조] 코, Neve [네베] 눈(雪),
Nome [노메] 이름, Numero [누메로] 숫자

‘O, o’는 ‘ㅗ’와 같은 발음으로 동그랗게 입모양을 크게 하는 열린음(개음)과 입모양을 작게 하는 닫힌음(폐음)이 있습니다. 먼저 녹음 자료를 들으면서, 큰소리로 따라 읽어봅시다.

[듣기 19]

개음[ò]: Opera [오뻬라] 오페라, Oggi [옷지] 오늘
폐음[ó]: Ora [오라] 시간, Ordine [오르디네] 순서

‘P, p’는 ‘ㅃ’과 같은 발음입니다. 먼저 녹음 자료를 들으면서, 큰소리로 따라 읽어봅시다.

[듣기 20]

Pane [빠네] 빵, Penna [뻰나] 펜, Pizza [삐짜] 피자,
Prezzo [쁘렛쪼] 가격

‘Q, q’는 ‘ㄲ’ 발음에 해당합니다. q다음에는 항상 u가 옵니다. 그러므로 발음할 때는 입을 오리 주둥이처럼 앞으로 내밀면서 발음합니다. 먼저 녹음 자료를 들으면서, 큰소리로 따라 읽어봅시다.

[듣기 21]

Quaderno [꽈데르노] 노트, Qualcosa [꽐꼬자] 무엇
Qualità [꽐리따] 품질, Questura [꿰스뚜라] 경찰서

‘**R, r**’ 발음은 혀끝을 굴려서 나오는 발음입니다. ‘으르릉’ 할 때의 ‘르’처럼 발음하시면 됩니다. 먼저 녹음 자료를 들으면서, 큰소리로 따라 읽어봅시다.

Ragazzo [라갓쯔] 소년, **R**oma [로마] 로마,
Rosa [로자] 장미, **R**uota [루오따] 바퀴

‘**S, s**’는 ‘[s]ㅅ’ 또는 ‘[z]ㅈ’ 또는 ‘[ʃe]쉐’, ‘[ʃi]쉬’로 발음합니다. ‘[s]ㅅ’으로 성대가 울리지 않고 발음되는 s를 청음(또는 무성음) ‘s’라고 하며, ‘[z]ㅈ’으로 성대가 울리면서 발음되는 s를 탁음(또는 유성음) ‘s’라고 합니다.

먼저 ‘[s]ㅅ’으로 발음되는 청음의 경우를 보겠습니다. 먼저 녹음 자료를 들으면서, 큰소리로 따라 읽어봅시다.

① **S**ale [살레] 소금, **S**era [세라] 저녁,

② Bor**s**a [보르사] 가방, Fal**s**o [팔소] 틀린

③ Ca**ss**aforte [깟사포르떼] 금고, Spe**ss**o [스뻬소] 종종

④ **S**port [스뽀르뜨] 스포츠, **S**tella [스뗄라] 별

‘[s]ㅅ’으로 발음되는 경우는 먼저 ①의 경우와 같이 단어의 처음이 s로 시작하고 바로 그 뒤에 모음(a, e, i, o, u)이 오는 경우입니다. 다음은 ②의 경우처럼 단어 중간에 있는 s 앞에 자음이 오는 경우입니다. 다음은 ③의 경우와 같이 ss가 연속해서 오는 경우입니다. ‘s’가 ‘[s]ㅅ’으로 발음되는 마지막 경우는 ④의 경우처럼 ‘s’ 다음에 p, c, f, q, t와 같은 무성음(성대가 울리지 않는 음)이 올 경우입니다.

다음은 ‘[z]ㅈ’으로 발음되는 탁음의 경우입니다. 먼저 녹음 자료를 들으면서, 큰소리로 따라 읽어봅시다.

① **S**baglio [즈발리오] 실수, **S**nello [즈넬로] 날씬한,

② Cri**s**i [끄리지] 위기, Anali**s**i [아날리지] 분석,

③ Batt**esimo** [바떼지모] 세례

‘[z] ㅈ’으로 발음되는 탁음의 경우는 ①의 경우처럼 ‘s’ 다음에 b, d, g, l, m, n, v와 같은 유성음(성대가 울리는 음)이 오는 경우, ②의 경우처럼 단어가 -esi, -isi로 끝나는 경우, ③의 경우처럼 단어가 -esimo로 끝나는 경우입니다.

> ✱ 처음 이탈리아어를 접하시는 분은 s발음을 조금 어렵게 느끼실 수 있습니다. 하지만 발음하실 때 자연스럽게 발음되는 경우로 발음하시면 됩니다. 예를 들어 crisi의 경우를 보면, ‘끄리시’ 하는 것보다, ‘끄리지’ 하는 것이 훨씬 자연스러운 것을 느끼실 것입니다.
> 사전에서 탁음 s를 표시하는 방식은 출판사에 따라 다양합니다. 여러분이 가지고 있는 사전을 펼쳐서 위에 소개된 단어들을 찾아보십시오. s자 위 혹은 아래에 점(.)이 찍혀있거나 밑줄 (−)이 그어져 있을 것입니다. 또는 s자를 길게 늘여서 표시하는 경우도 있습니다.

> ✱ ‘s’가 모음과 모음사이에 오는 경우는 두 가지로, 즉, ‘ㅅ’ 또는 ‘ㅈ’로 발음됩니다. 주로 이탈리아 북부지역에서는 모음 사이의 ‘s’를 주로 탁음(‘ㅈ’)으로 발음하며, 이탈리아 중·남부 지역에서는 모음 사이의 ‘s’를 주로 청음(‘ㅅ’)으로 발음하는 경향을 지니고 있습니다.

다음은 ‘[ʃe] 쉐’, ‘[ʃi] 쉬’로 발음되는 경우로 ‘s’ 다음에 ce, 또는 ci가 올 경우입니다.

먼저 녹음 자료를 들으면서, 큰소리로 따라 읽어봅시다.

[듣기 25]
sce [ʃe] : **Sce**na [쉐나] 무대, **Sce**lta [쉘따] 선택
sci [ʃi] : **Sci**mmia [쉼미아] 원숭이, **Sci**opero [쇼뻬로] 파업

‘**T, t**’는 ‘ㄸ’에 해당하는 발음으로 경음화 되어 발음됩니다. 먼저 녹음 자료를 들으면서, 큰소리로 따라 읽어봅시다.

[듣기 26]
Telefono [뗄레포노] 전화, **T**orta [또르따] 케이크,
Treno [뜨레노] 기차, **T**erminano [떼르미나노] 끝나다

‘**U, u**’는 우리나라의 ‘ㅜ’ 발음과 같습니다. 먼저 녹음 자료

를 들으면서, 큰소리로 따라 읽어봅시다.

Ufficio [우피치오] 사무실, Uso [우조] 사용, Uva [우바] 포도,

Urgente [우르젠떼] 긴급한, Università [우니베르시따] 대학

'V, v' 발음은 영어의 'v' 발음과 동일합니다. 앞서 설명한 'f' 발음 부분을 잘 살펴보시기 바랍니다. 다시 말씀드리지만 우리나라에는 없는 발음임으로 'f' 발음과 더불어 주의를 기울 여야 합니다. 먼저 녹음 자료를 들으면서, 큰소리로 따라 읽어봅 시다.

Vacanza [바깐짜] 휴가, Vento [벤또] 바람,

Vino [비노] 포도주, Viva [비바] 만세

'Z, z'는 청음 '[ts]짜' 또는 탁음 '[dz]ㅈ'으로 발음됩니다. 'z'의 청음은 실제로 '짜'과 'ㅊ' 발음의 중간이라고 할 수 있 습니다. 이곳에서는 표기상 '짜'으로 하였습니다.

청음 '[ts]짜'으로 발음되는 경우는 다음과 같습니다. 먼저 녹 음 자료를 들으면서, 큰소리로 따라 읽어봅시다.

① Venezia [베네찌아] 베네치아, Grazia [그라찌아] 감사,

　　Spazio [스파찌오] 공간

② Alzare [알짜레] 일어나다, Calze [깔쩨] 양말

③ Tolleranza [똘레란짜] 인내심, Innocenza [인노첸자] 무죄,

　　Correttezza [꼬레뗏짜] 정확함, Giustizia [쥬스띠찌아] 정의,

　　Organizzazione [오르가니자찌오네] 조직

위의 경우처럼 'z'가 청음 '짜'으로 발음되는 경우는 ① z 뒤 에 -ia, -ie, -io가 오는 경우. ② z 앞에 l이 오는 경우. ③ -anza, -enza, -ezza, - izia, - zione로 끝나는 경우입니다.

다음은 탁음 '[dz]ㅈ'으로 발음되는 경우입니다. 먼저 녹음

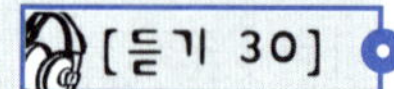

자료를 들으면서, 큰소리로 따라 읽어봅시다.

① **Z**ebra [제브라] 얼룩말, **Z**ona [조나] 구역

② Civili**zz**are [치빌리자레] 문명화하다,

　Civili**zz**azione [치빌리자찌오네] 문명화

③ O**z**ono [오조노] 오존, Bi**z**antino [비잔띠노] 비잔틴

　위의 경우처럼 'z'가 탁음 'ㅈ'으로 발음되는 경우는 ① z로 시작하는 단어(예외적인 단어들도 많습니다. **예** zio [찌오] 삼촌, zappa [짜빠] 삽…) ② 접미사 -izzare, -izzazione로 끝나는 경우 ③ 위의 예에서 보았던 'z' 뒤에 -ia, -ie, -io가 오는 경우는 제외하고 모음과 모음 사이에 'z'가 위치할 경우입니다.

제2과

강 세
(Accento)

이번 기회에 이탈리아어의 강세에 대해서도 알아봅시다.

1) 상기한 단어들에서 보았듯이 이탈리아어의 거의 대부분 명사는 끝에서 두 번째 모음에 강세가 있습니다. 먼저 녹음 자료를 들으면서, 큰소리로 따라 읽어봅시다.

[듣기 31]

Amore [아모레] 사랑, Spaghetti [스빠겟띠] 스파게티,

Vino [비노] 포도주

2) 다음은 끝에서 세 번째 모음에 강세가 오는 경우입니다. 먼저 녹음 자료를 들으면서, 큰소리로 따라 읽어봅시다.

[듣기 32]

Domenica [도메니까] 일요일, Numero [누메로] 번호,

Telefono [뗄레포노] 전화

3) 끝에서 네 번째 음절에 강세가 오는 경우가 있는데, 그 경우는 대부분 동사인 경우입니다. 먼저 녹음 자료를 들으면서, 큰소리로 따라 읽어봅시다.

Terminano [떼르미나노] 끝나다, Dimenticano [디멘띠까노] 잊다

4) 다음은 단어의 마지막 모음에 강세가 오는 경우 입니다. 이 경우 강세 표시는 단어의 일부분임으로 **반드시 표시**를 해야 합니다. 먼저 녹음 자료를 들으면서, 큰소리로 따라 읽어봅시다.

[듣기 34]

-à : Città [치따] 도시,

-è : Cioè [쵸에] 즉, 말하자면

-é : Perché [뻬르께] 왜, 왜냐하면

-ì : Mercoledì [메르꼴레디] 수요일

-ò : Perciò [뻬르쵸] 그러므로

-ù : Gioventù [지오벤뚜] 젊음

자, A~Z까지 예를 든 단어들에 강세(l'accento)를 주어 다시 한 번 큰 소리로 읽어봅시다. 붉은 색으로 표시된 곳이 강세가 있는 위치입니다. 녹음된 자료를 먼저 듣고 난 후에 큰 소리로 따라 읽어보시기 바랍니다. 그러고 나서 자신이 생기면, 혼자서 큰 소리로 읽어보시기 바랍니다. 시간이 허락할 경우에는 녹음 자료를 받아 적는 방법이 더욱 효과적이므로, **책을 덮고** 받아 적은 후에 답과 맞춰보시기 바랍니다.

[듣기 35]

Acqua, Amore, Aprile, Aereo, Angelo

Banana, Banca, Bello, Biscotto, Borsetta

Cena, Centro, Ciao, Cinema,
Caffè, Colore, Cucina, Chiesa, Clima, Creazione,

Data, Dentista, Domani, Domenica, Due, Dimenticano

개음[è] : Erba, Eco

폐음[é] : Emozione, Europa

Farmacia, Forma, Fiore, Formaggio

Gelato, Genitore, Giardino, Giacca
Gatto, Gruppo, Gonna, Ghiaccio, Spaghetti
Consiglio, Migliore, Meglio, Bisogno, Montagna, Signorina

Ho, Hai, Ha, Hanno

Indirizzo, Insalata, Inverno

Latte, Lavoro, Leone, Luna

Mano, Medico, Mercoledì, Moda, Musica

Naso, Neve, Nome, Numero

개음[ò] : Opera, Oggi
폐음[ó] : Ora, Ordine

Pane, Penna, Pizza, Prezzo

Quaderno, Qualcosa, Qualità, Questura

Ragazzo, Roma, Rosa, Ruota

Sale, Sera, Borsa, Falso, Cassaforte, Spesso, Sport, Stella
Sbaglio, Snello, Crisi, Analisi, Battesimo
Scena, Scelta, Scimmia, Sciopero

Telefono, Torta, Treno, Terminano

Ufficio, Uso, Uva, Urgente, Università

Vacanza, Vento, Vino, Viva
Venezia, Grazia , Spazio, Alzare, Calze

Tolleranza, Incoscienza, Correttezza, Giustizia,
Organizzazione

Zebra, Zona, Civilizzare, Civilizzazione, Ozono,
Bizantino

Città, Cioè, Perché, Mercoledì, Perciò, Gioventù

제 3 과

관 사
(Articoli)

　‘관사’란 명사 또는 형용사 앞에 위치하여 뒤에 오는 명사를 한정하거나 구별하게 하는 품사로, 특히 뒤에 오는 명사의 성(性)과 수(數)를 정확히 지시합니다.

　‘관사’에서 3가지, 즉, 정해지지 않은 명사 앞에 위치하는 ‘부정관사’, 정해진 명사 앞에 위치하는 ‘정관사’, 일부분을 나타내는 ‘부분관사’가 있습니다.

　먼저, ‘부정관사’의 형태와 용도를 살펴보겠습니다.

부정관사형태

[듣기 36]

	단수	복수
남성	un un amico 남자 친구　un padre 아버지 uno uno specchio 거울　uno zaino 배낭	없음 (필요한 경우는 부분관사의 복수형 dei, degli, delle 사용 ➡ 부분관사 참조).
여성	una(un') una madre 어머니　un'amica 여자 친구	

◎ un : uno를 사용하는 경우를 제외하고 '모음' 또는 '자음' 으로 시작되는 '남성 단수' 명사 및 형용사 앞에 사용합니다.

　예 un libro 책, un ragazzo 소년, un attimo 순간,
　　un incontro 만남

◎ uno : '남성 단수' 명사 또는 형용사로서 s+자음, z, gn, pn, ps, x로 시작되는 단어 앞에 사용합니다.

　예 uno specchio 거울, uno zio 삼촌, uno gnomo 난장이,
　　uno xilofono 실로폰, uno pneumatico 타이어,
　　uno psicologo 심리학자

◎ una(un') : 여성 단수 명사 또는 형용사 앞에 사용합니다. 여성 단수 명사 또는 형용사가 모음으로 시작할 경우에는 una의 마지막 모음 a를 생략해서 축약형(un')을 사용합니다.

　예 una ragazza 소녀, una sera 저녁, un'isola 섬,
　　un'uva 포도

1) 처음 소개되는 사람 또는 사물에 사용합니다.

C'era **una** volta **un** re e **una** regina che abitavano...

옛날 옛날에 왕과 왕비가 살고 있었다.

2) 한정되지 않은 동식물 또는 사물에 사용합니다.

Un leone fugge dallo zoo.

사자 한마리가 동물원에서 도망친다.

3) 부정관사+인명 : '～의 작품' 또는 '～같은 사람'을 의미할 때 사용합니다.

Guardo **un** Raffaello.

나는 라파엘로의 작품을 쳐다본다.

Sei **una** Maria Callas.

너는 마리아 칼라스처럼 노래를 잘한다.

4) 부정관사+회사명 : '～의 제품'을 의미할 때 사용합니다.

Compro **una** FIAT.

나는 파아트사의 자동차를 구입한다.

문제

다음 괄호 안에 알맞은 부정관사를 넣으시오.

a) (   ) libro
b) (   ) amico
c) (   ) specchio
d) (   ) zio
e) (   ) penna

정답 ▶ a) un b) un c) uno d) uno e) una

3.2. 정관사(Articoli determinativi)

정관사 형태

	단수	복수
남성	**il** il quaderno 노트 il gatto 숫고양이	**i** i quaderni 노트들 i gatti 숫고양이들
남성	**lo(l')** lo studente 남학생 lo zaino 배낭 l'italiano 이탈리아인	**gli** gli studenti 남학생들 gli zaini 배낭들 gli italiani 이탈리아인들
여성	**la(l')** la casa 집 la strada 길 l'isola 섬	**le** le case 집들 le strade 길들 le isole 섬들

○ **il** : '자음'으로 시작되는 남성 단수 명사 및 형용사 앞에 사용합니다.

예 **il** bambino 어린아이, **il** libro 책, **il** quaderno 공책

○ **i** : il을 사용하는 단수명사의 복수 형태 앞에 사용합니다. 단수 명사를 복수 명사로 변환하는 것은 제 5과 명사편에서 자세히 설명하겠습니다.

예 **i** bambini 어린아이들, **i** libri 책들, **i** quaderni 공책들

○ **lo(l')** : 모음으로 시작되는 남성 단수 명사 또는 형용사와 s+자음, z, gn, pn, ps, x로 시작되는 남성 단수 명사 또는 형용사 앞에 사용합니다. 모음으로 시작되는 남성 단수 명사 또는 형용사 앞에서는 축약형(**l'**)을 사용합니다.

예) **lo s**cherzo 농담, **lo z**io 삼촌, **lo sp**ettacolo 광경,
l'uomo 인간,   **l'a**mico 남자친구, **lo gn**omo 난장이,
lo xilofono 실로폰, **lo pn**eumatico 타이어,
lo psicologo 심리학자

- **gli** : lo를 사용하는 단수명사의 복수 형태 앞에 사용합니다. 단, i로 시작하는 남성 복수명사 앞에서는 축약형 (gl')를 사용할 수 있습니다만, 현재에는 축약을 하지 않는 것을 원칙으로 합니다.

  예) **gli s**cherzi 농담들, **gli z**ii 삼촌들, **gli sp**ettacoli 광경들,
  gli uomini 인간들,   **gli a**mici 남자친구들,
  gli italiani 이탈리아인들 (축약형인 gl'italiani도 가능)

- **la(l')** : 여성 단수 명사 또는 형용사 앞에 사용합니다. 모음으로 시작되는 여성 단수 명사 또는 형용사 앞에서는 축약형 (l')을 사용합니다.

  예) **la** rosa 장미, **la** penna 펜, **l'u**va 포도,
  l'edicola 신문 판매대

- **le** : la(l')를 사용하는 단수명사의 복수 형태 앞에 사용합니다. e로 시작하는 여성 복수명사 앞에서는 축약형 (l')를 사용할 수 있습니다만, 현재에는 축약을 하지 않는 것을 원칙으로 합니다.

  예) **le** rose 장미들, **le** penne 펜들,
  le edicole (l'edicole도 가능) 신문 판매대들

정관사 용도

1) 말하는 사람과 듣는 사람 모두 확실히 알고 있는 것을 지시할 때

사용합니다.

La donna è italiana. 그 여자는 이탈리아인이다.

2) 앞서 말한 것을 지시할 때 사용합니다.

Ecco un libro. Il libro è sul tavolo.

여기 책이 한 권 있다. 그 책은 책상 위에 있다.

3) 단 하나 밖에 없는 사물을 지시하는 명사 앞에 사용합니다.

il sole 태양, la terra 지구, la luna 달

4) 대륙, 국가, 강, 산 등의 고유명사 앞에 사용합니다.

l'Asia 아시아, l'Europa 유럽, la Corea 한국,

l'Italia 이탈리아, il Po 포강, le Alpi 알프스

5) 종(種) 전체를 나타낼 때 사용합니다.

L'uomo è mortale. 인간은 죽는다.

6) 신체의 일부를 지시할 때 사용합니다.

Mario ha i capelli corti. Mario의 머리는 짧다.

문제

다음 괄호 안에 알맞은 정관사를 넣으시오. 축약이 필요한 곳에는 축약형을 넣으시오.

a) (   ) amico
b) (   ) specchio
c) (   ) zio
d) (   ) rosa
e) (   ) uva

정답 ▶ a) l' b) lo c) lo d) la e) l'

3.3. 부분관사(Articoli partitivi)

부분관사 형태

부분관사의 형태는 조금 후에 학습할 전치사관사의 형태 중에서 'di + 정관사'의 형태와 동일합니다.

[듣기 38]

	단수	복수
남성	**del** **del** latte 약간의 우유	**dei** **dei** regali 몇 개의 선물
여성	**della (dell')** **dell'**acqua 약간의 물	**delle** **delle** riviste 몇 권의 잡지

부분관사 용도

1) 부분관사 '단수' 형태(del, dello, della)는 일반적으로 숫자로 나타낼 수 없는 '**셀 수 없는 명사**' (예 acqua 물, latte 우유, pane 빵, zucchero 설탕, sale 소금, vino 포도주, polvere 먼지, ferro 철 등) 앞에 사용해서 '약간의' (=un po' di)의 의미로 사용됩니다.
Dammi **del** latte. (=Dammi un po' di latte.)
나에게 우유 좀 줘.
Dammi **dell'**acqua. (=Dammi un po' di acqua.)
나에게 물 좀 줘.

> ＊ Dammi는 '나에게 ~을 달라' 라는 명령법 형태입니다(➡ 제14과 명령법 참고).

2) 부분관사 '복수' 형태(dei, degli, delle)는 일반적으로 '**셀 수 있는 명사**' 앞(예 libro 책, rivista 잡지, ragazzo 소년, amico 친구 등)에 사용해서 '몇 개의, 몇몇의(= alcuni, alcune, qualche)' 의 의미를 지니며, 부정관사의 복수형으로 사용됩니다.

Ricevo **dei** regali.

(Ricevo alcuni regali. = Ricevo **qualche** regal**o**.)

나는 몇 개의 선물을 받는다.

Compro **delle** riviste.

(Compro alcune riviste. = Compro **qualche** rivist**a**.)

나는 몇 권의 잡지를 구입한다.

* 형용사 qualche 다음에는 항상 단수 명사를 사용합니다.(→ 8.2. '한정형용사' 중에서 '부정형용사' 참고).

다음 괄호 안에 알맞은 부분관사를 넣으시오.

a) (　　　　) libri
b) (　　　　) riviste
c) (　　　　) sale　소금
d) (　　　　) latte
e) (　　　　) sabbia　모래

> 정답 ▶ a) dei　b) delle　c) del　d) del　e) della

* **요일, 달(月), 계절.**

① **요일**(i giorni della settimana) : '일요일'은 '여성 단수'이며, 나머지 요일은 남성 단수입니다. 월요일~금요일까지는 악센트가 단어의 끝모음(i)에 있으므로 악센트 표시를 반드시 해야 합니다.
일 domenica, 월 lunedì, 화 martedì, 수 mercoledì, 목 giovedì, 금 venerdì, 토 sabato.

② **달**(i mesi) : 달은 모두 '남성 단수'입니다.
1월 gennaio, 2월 febbraio, 3월 marzo, 4월 aprile, 5월 maggio, 6월 giugno, 7월 luglio, 8월 agosto, 9월 settembre, 10월 ottobre, 11월 novembre, 12월 dicembre.

③ **4 계절**(le quattro stagioni) : 봄과 여름은 여성 단수이며, 가을과 겨울은 남성 단수입니다.
봄 la primavera, 여름 l'estate, 가을 l'autunno, 겨울 l'inverno.

제 4 과

전치사
(Preposizioni)

'전치사'는 형태가 변하지 않는 '불변환 품사'로서 문장의 요소를 연결하고, 문장의 내용을 보충하는 기능을 담당합니다.

'전치사'에는 **'전치사로서의 기능만을 담당하는 전치사'**(본질적 전치사), **'전치사로서의 기능 이외에도 다른 품사로서의 기능도 담당하는 전치사'**(비본질적 전치사), 여러 단어가 합해져서 **'전치사와 동일한 역할을 하는'** '전치사구'가 있습니다.

이탈리아어를 학습하는 외국인이 올바른 전치사를 사용하는 일은 그리 쉽지 않습니다. 그러므로 올바른 전치사를 사용하기 위한 여러분들의 지속적인 노력이 필요합니다.

먼저, 전치사로서만 사용되는 '본질적 전치사'를 살펴보도록 하겠습니다. '본질적 전치사'는 '고유 전치사'라고도 합니다.

'본질적 전치사'에는 a, di, da, in, con, su, per, fra(tra)가 있으며, 이 중에서 fra(tra)를 제외한 모든 전치사는 전치사 뒤에 오는 명사가 정관사를 동반하는 경우에 정관사와 합해져서 조금 후에 학습할 **전치사관사**(→4.2. 참고) 형태를 갖습니다. 본질적 전치사의 학습과 사용에 있어서 **중요한 점**은 전치사 하나가 한 가지의 의미만을 갖는 것이 아니라 일반적으로 10여개의 의미를 가지고 있으므로, 문장에 나오는 전치사가 어떤 의미를 지닌 전치사인지 잘 관찰해야 한다는 점입니다. 그러므로 여러분은 사전에서 전치사의 의미를 찾으실 때, 다른 단어의 경우도 마찬가지지만, 한 전치사의 앞부분에 위치한 의미만 살펴보지 마시고, **마지막 부분에 위치한 의미까지도** 살펴보시기 바랍니다.

그럼, 전치사로서만 사용되는 '본질적 전치사' 각각의 대표적인 의미를 살펴보겠습니다. 이곳에서는 다른 단어의 뜻보다는 전치사의 의미에 주의를 기울여서 학습하시기 바랍니다.

4.1. 본질적 전치사(Preposizioni proprie)

A

1) '장소로의 이동' 및 '장소 상태'를 나타냅니다.

   Andiamo **a** casa. 우리는 집에 간다. (장소로의 이동)

   Vivo **a** Milano. 나는 밀라노에 산다. (장소 상태)

2) '시간'을 나타냅니다.

   Arriverò a Roma **alle** nove.

   나는 9시에 로마에 도착할 것이다.

3) '대상'을 나타냅니다.

   Regalo un mazzo di fiori **alla** mia amica.

   나는 꽃 한 다발을 내 여자친구에게 선물한다.

4) '방식'을 나타냅니다.

   Non parlare **ad** alta voce! 너는 큰소리로 말하지 마라!

주기 위하여 이 경우처럼 d를 첨부합니다. 의미에는 변화가 없습니다. **예)** **ad e**sempio 예를 들면.

5) '수단'을 나타냅니다.

Vado **a** piedi. 나는 걸어서 간다.

Di

1) '소속'을 나타냅니다.

Questo è il libro **di** Marco. 이것은 마르꼬의 책이다.

2) '명칭'을 나타냅니다.

La città **di** Venezia è bella. 베네치아시는 아름답다.

3) '비교'를 나타냅니다.

Anna è più bella **di** Maria. 안나는 마리아보다 더 예쁘다.

4) '장소로부터의 이동'을 나타냅니다.

Uscirò **di** casa a mezzogiorno. 나는 정오에 집에서 나갈 것이다.

uscirò는 동사 uscire(외출하다)의 '직설법 단순미래' 형태입니다(→11.7. 직설법 단순미래 참고).

5) '재료'를 나타냅니다.

Questa camicia è **di** seta. 이 셔츠는 실크로 만들어졌다.

Da

1) '장소로부터의 이동', '장소로의 이동', '장소 상태'를 나타냅니다.

Vengo **da** Seoul. 나는 서울에서 온다. (장소로부터의 이동)

Devo andare **dal** dentista. 나는 치과에 가야만 한다.
(장소로의 이동)

Ci vediamo **da** Mario. 마리오네 집에서 보자! (장소 상태)

2) '이유'를 나타냅니다.

Lui tremava **dal** freddo. 그는 추위 때문에 떨고 있었다.

3) '기원'을 나타냅니다.

La lingua italiana deriva **dal** latino.

이탈리아어는 라틴어에서 유래한다.

4) '시간'을 나타냅니다.

Vivo a Firenze **da** due anni.

나는 2년째 Firenze에서 살고 있다.

5) '목적'을 나타냅니다.

Questa è la nuova collezione di occhiali **da** sole.

이것이 선글라스 뉴 컬렉션이다.

In

1) '장소로의 이동', '장소 상태'를 나타냅니다.

Vado **in** biblioteca. 나는 도서관에 간다. (장소로의 이동)

Siamo **in** casa. 우리는 집에 있다. (장소 상태)

2) '한정된 시간', '지속적 시간'을 나타냅니다.

Maria è nata **nel** 1985.

Maria는 1985년에 태어났다. (한정된 시간)

Ho risolto il problema **in** poco tempo.

나는 짧은 시간 동안에 그 문제를 해결했다. (지속적 시간)

3) '수단'을 나타냅니다.

Vado **in** treno. 나는 기차로 간다.

4) '방식'을 나타냅니다.

La mamma aspetta il figlio **in** ansia.

엄마는 아들을 걱정스럽게 기다린다.

5) '한정'을 나타냅니다.

Mario è molto bravo **in** matematica.

마리오는 수학을 매우 잘 한다.

Con

1) '동반'을 나타냅니다.

Esco **con** Luisa. 나는 루이자와 함께 외출한다.

2) '수단'을 나타냅니다.

Parto **con** il treno delle ore 9:00.

나는 9시 기차를 타고 출발한다.

> ✱ 구체적인 시간' 또는 '다른 정보가 제시될 경우'에는 전치사 con을 사용
> 합니다. 단지 기차를 이용한다는 정보만을 제시할 경우에는 조금 전에 학
> 습한 in을 사용합니다.

3) '방식'을 나타냅니다.

Ascolto **con** attenzione le tue parole.

나는 네 말을 주의 깊게 듣는다.

4) '원인'을 나타냅니다.

Con questa pioggia è impossibile uscire.

이 비 때문에 외출하는 것은 불가능하다.

5) '시간'을 나타냅니다.

Non riesco a guidare la macchina **con** il buio.

나는 어두울 때 운전할 수 없다.

Su

1) '장소 상태', '장소로의 이동'을 나타냅니다.

La chiave è **sul** tavolo.

열쇠는 테이블 위에 있다. (장소 상태)

Lui scarica la sua colpa **sugli** altri.

그는 자신의 잘못을 다른 사람들에게 씌운다. (장소로의 이동)

2) '주제'를 나타냅니다.

Abbiamo discusso **sulle** cause della crisi economica.

우리는 경제 위기의 원인에 대해 토론했다.

3) '한정된 시간', '지속적 시간'을 나타냅니다.

Mi sveglio **sul** far dell'alba.

나는 새벽녘에 잠에서 깨어났다. (한정된 시간)

Abbiamo camminato **sulle** tre ore.

우리는 약 세 시간 정도 걸었다. (지속적 시간)

4) 대략적인 '나이', '가격'을 나타냅니다.

Arriva una donna **sui** trent'anni.

약 30대의 여자가 도착한다.

Questa giacca costa **sui** cento euro.
이 재킷은 약 100유로이다.

5) '방식'을 나타냅니다.
Lavoriamo **su** ordinazione. 우리는 주문제로 일한다.

Per

1) '장소 통과', '장소로의 이동'을 나타냅니다.
La macchina passa **per la** porta.
자동차는 문을 통과해서 지나간다. (장소 통과)
Domani parto **per l'**Italia.
나는 내일 이탈리아로 떠난다. (장소로의 이동)

2) '한정된 시간', '지속적 시간'을 나타냅니다.
L'appuntamento è fissato **per le** otto.
약속은 8시로 정해졌다. (한정된 시간)
Ho studiato l'italiano **per** tutto il giorno.
나는 하루 종일 이탈리아어를 공부했다. (지속적 시간)

3) '목적'을 나타냅니다.
Vado in Italia **per** studiare la moda.
나는 패션을 공부하기 위해 이탈리아에 갑니다.

4) '이유'를 나타냅니다.
Ho pianto **per** la gioia. 나는 기뻐서 울었다.

5) '수단'을 나타냅니다.
 Spedisco questo pacco **per** posta.
나는 우편으로 이 소포를 보낸다.

1) '장소 상태', '장소로의 이동'을 나타냅니다.

   Passo la vita **tra** la casa e il lavoro.

   나는 집과 일 사이에서 인생을 보낸다.

   (장소 상태- 이 경우에는 '~ 사이에', '~중간에' 라는 의미를 갖습니다.)

   Ritorna **tra** noi! 우리에게 돌아와라! (장소로의 이동)

2) '거리'를 나타냅니다.

   Fra tre chilometri c'è un ristorante.

   3 킬로미터 거리에 식당이 있다.

   > Fra 뒤에 오는 단어가 tre이므로 이 경우에는 단어와 단어를 명확히 구분해주기 위해 tra를 사용하는 대신에 fra를 사용합니다. 이 반대의 경우도 마찬가지입니다. **Fra fra**telli ➡ **Tra fra**telli. fratelli가 fra-로 시작하므로 전치사 fra대신에 tra를 사용합니다. 의미는 동일합니다.

3) '관계'를 나타냅니다.

   Fra amici ci vuole l'amicizia. 친구 사이에는 우정이 필요하다.

4) '시간'을 나타냅니다.

   Arrivo **fra** due ore. 나는 두 시간 후에 도착한다.

5) '부분'을 나타냅니다.

   Tra i passanti, alcuni si sono fermati.

   지나가던 사람들 중에서 몇 명이 멈추었다.

앞서 언급했듯이 이탈리아어 정관사는 조금 전에 설명한 본질적 전치사와 결합하여 '전치사관사' 라는 형태를 만듭니다. 그 형태는 다음과 같습니다.

4.2. 전치사관사(Preposizioni articolate)

	il	lo(l')	la(l')	i	gli	le
a	al	allo(all')	alla(all')	ai	agli	alle
di	del	dello(dell')	della(dell')	dei	degli	delle
da	dal	dallo(dall')	dalla(dall')	dai	dagli	dalle
in	nel	nello(nell')	nella(nell')	nei	negli	nelle
su	sul	sullo(sull')	sulla(sull')	sui	sugli	sulle
con	con il	con lo	con la	con i	con gli	con le
per	per il	per lo	per la	per i	per gli	per le
fra(tra)	fra il	fra lo	fra la	fra i	fra gli	fra le

* 앞서 잠깐 언급했듯이 상기한 전치사 중에서 fra(tra)를 제외한 모든 전치사는 전치사 뒤에 오는 명사가 정관사를 동반하는 경우에 정관사와 합해진 형태로 사용되었습니다. 전치사 con과 per의 경우도 원래는 정관사와 합해진 col, collo, coi, pel, pello, pella 등의 형태로 사용되었으나, 현대 이탈리아어에서는 fra(tra)의 경우와 같이 con il, con lo, con i, per il, per lo, per la 등, 분리된 형태로 사용되고 있습니다.

다음은 전치사로서의 기능 이외에도 다른 품사로서의 기능도 담당하는 '비본질적 전치사'의 대표적인 경우를 살펴보면서 기능과 의미상의 차이점을 알아봅시다. '비본질적 전치사'는 '비고유 전치사'라고도 합니다.

4.3. 비본질적 전치사(Preposizioni improprie)

Dopo

① Avremo dieci minuti di pausa **dopo** le nove.
우리는 9시 **이후에** 10분간 쉴 것이다. (전치사)

② Ci vediamo **dopo**. 우리 **나중에** 보자. (부사)

Lungo

① Ho camminato **lungo** il fiume.
나는 강을 **따라** 걸었다. (전치사)
② Lo spettacolo è **lungo**. 공연은 **길다**. (형용사)

Durante

① Ci vediamo **durante** il fine settimana.
우리 주말 **동안**에 보자. (전치사)
② Ti amerò vita natural **durante**.
나는 너를 **평생토록** 사랑할 것이다. (형용사)

> ✱ 이와 같은 단어의 경우, 전치사로 사용되었는지, 아니면 다른 품사로 사용되었는지를 구별하는 방법은 간단합니다. 위의 예문을 자세히 살펴보시면 아시겠지만, 전치사로 사용될 경우는 뒤에 일반적으로 또 다른 품사를 동반하며(dopo **le nove**, lungo **il fiume** 등), 전치사로 사용되지 않을 경우에는 뒤에 다른 품사를 동반하지 않습니다(~ **dopo**. ~ **lungo**.).

마지막으로, 여러 단어가 합해져서 전치사와 동일한 역할을 하는 '전치사구' 의 대표적인 경우를 알아보겠습니다.

4.4. 전치사구(Locuzioni prepositive)

① Mario va in bliblioteca **insieme a** Carlo.
마리오는 까를로와 함께 도서관에 간다.

② Non posso vivere **senza di** te. 나는 너 없이 살 수 없다.

③ Ho mandato la notizia **per mezzo di** un amico.

　나는 친구를 통해서 소식을 전했다.

④ Sono arrivato **prima di** te. 나는 너보다 먼저 도착했다.

⑤ La partita è stata sospesa **a causa della** pioggia.

　시합은 비 때문에 중단되었다.

⑥ Questo treno arriva **fino a** Venezia.

　이 기차는 Venezia까지 간다.

⑦ **Oltre ai** fiori, regalo un libro alla mia amica.

　나는 여자 친구에게 꽃과 함께(외에도) 책을 선물한다.

⑧ Abito nella casa **di fronte alla** chiesa.

　나는 교회 앞집에 산다.

＊ Andare(～가다).

　'～가다'를 의미하는 Andare 동사를 사용하여 어떠한 장소로 이동하는 경우를 표현할 경우에는 주의를 기울여야 합니다. (* 아래 예문에 나오는 단어 'vado'는 '나는 ～에 가다'라는 의미를 지닌 동사로, 동사의 원형은 andare입니다. '동사'에 관해서는 제 10과～제 15과까지 자세히 학습할 것입니다.)

[듣기 39]

(Io) Vado		casa. 나는 집에 간다.
	a	Roma. 나는 로마에 간다. (**a**+도시명)
		pesca. 나는 낚시질 하러간다.
	al	cinema. 나는 영화 보러 간다.
		mare. 나는 바다에 간다.
		lavoro. 나는 일하러 간다.
		lago. 나는 호수에 간다.
	alla	riunione. 나는 회의에 간다.
	da	Paolo. 나는 파올로 집에 간다. (**da**+인명)
	dal	medico. 나는 병원에 간다.

<table>
<tr><td rowspan="9">(Io)
Vado</td><td rowspan="7">in</td><td>Italia. 나는 이탈리아에 간다. (in+국가명)</td></tr>
<tr><td>pizzeria. 나는 피자집에 간다. (in+-eria)
* 단어에 –eria가 붙으면 '가게' 라는 의미입니다.
　예 libreria 서점(libro 책),
　　　lotteria 복권방 (lotto 복권)</td></tr>
<tr><td>biblioteca. 나는 도서관에 간다. (in+-teca)
* 단어에 –teca가 붙으면 '저장소' 라는 의미입니다.
　예 discoteca 음반 도서관</td></tr>
<tr><td>Piazza Garibaldi. 나는 가리발디 광장에 간다.</td></tr>
<tr><td>chiesa. 나는 교회에 간다.</td></tr>
<tr><td>Sicilia. 나는 시칠리아에 간다. (in+큰 섬)</td></tr>
<tr><td>montagna. 나는 산에 간다.</td></tr>
<tr><td>vacanza. 나는 휴가를 간다.</td></tr>
<tr><td>negli</td><td>Stati Uniti. 나는 미국에 간다.</td></tr>
<tr><td></td><td>nell'</td><td>Unione Sovietica. 나는 소련에 간다.</td></tr>
</table>

▶ 차 한 잔? **una tazza di tè** 아니면 **una tazza da tè**?

전치사의 사용에 따라 뜻이 완전히 달라지므로 주의를 기울여야 하는 경우가 있습니다. 'una tazza **di** tè' 는 '차 한 잔' 이라는 의미이지만, 'una tazza **da** tè' 는 차를 마실 때 사용하는 '찻잔' 이라는 의미입니다. 그럼 '포도주 한 병' 은 뭐라고 해야 할까요? 정답은 'una bottiglia **di** vino' 입니다. 포도주를 담는 '포도주 병' 은 'una bottiglia **da** vino' 가 되겠지요.

▶ 다음과 같은 경우는 다른 전치사를 사용해도 의미가 동일한 경우입니다.
macchina **da** scrivere ＝macchina **per** scrivere. 타자기

다음 괄호 안에 알맞은 전치사를 넣으시오.

a) Vado (　　　　) Italia. 나는 이탈리아에 간다.
b) Vado (　　　　) Milano. 나는 밀라노에 간다.
c) Vado (　　　　) Marco. 나는 Marco 집에 간다.
d) Vado (　　　　) pizzeria. 나는 피자집에 간다.
e) Vado (　　　　) biblioteca. 나는 도서관에 간다.

정답 ▶ a) in　b) a　c) da　d) in　e) in

**성질이 매우
급한 여행객**

한 여행객이 황급히 역 안으로 뛰어 들어와 역장에게 묻습니다.

"Quando arriva il treno **per** Roma?" "로마행 기차가 언제 도착하죠?"

역장이 대답합니다.

"**Fra** dieci minuti." "10분 후에요."

여행자가 말합니다.

"아, 이런...급해 죽겠네..."

어쩔 줄 몰라 하는 여행객을 보고 역장이 말합니다.

"그렇게 급하면, Vada **a** incontrare il treno(기차를 만나러 가시죠)!

🔵* vada는 동사 andare(가다)의 접속법 현재 형태(➡ 13.1 참고)

제 5 과

명 사
(Nomi)

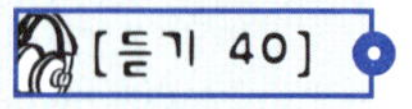

Che cosa è questo? 이것은 무엇입니까?

Marco : Che cosa è questo? 이것은 무엇입니까?
Marisa : È un libro.   책입니다.
Marco : Che cosa è questa? 이것은 무엇입니까?
Marisa : È una penna. 펜입니다.

위의 대화문에서 libro(책), penna(펜)이 명사입니다. '명사' 란 세상에 존재하는, 또는 상상 속에 존재하는 모든 대상 및 생각의 개념을 한 단어로 표현하는 품사입니다.

이번 과에서는 이탈리아어 명사의 종류를 먼저 살펴보고, 다음으로 명사의 성(性)과 수(數)에 대해서 살펴보도록 하겠습니다.

'이탈리아어 명사'는 성질에 따라서 6가지, 즉, '고유명사', '일반명사', '개별명사', '집합명사', '구상명사', '추상명사'로 구분합니다.

1) **고유명사** : 유일한 단 한 사람 또는 단 하나의 사물을 지시하는 명사입니다. 사람의 성명, 장소의 이름 등이 이에 속합니다. 첫 글자는 대문자로 표기합니다.

   예 Paolo, Maria, Italia, Roma, Corea, Seoul

2) **일반명사** : 사람, 동물, 사물 등을 총체적으로 지시하는 명사입니다.

   예 ragazzo 소년, gatto 고양이, mare 바다, città 도시

3) **개별명사** : 한 사람, 한 마리의 동물, 한 개의 사물을 지시하는 명사입니다.

   예 studente 학생, tigre 호랑이, libro 책, mela 사과

4) **집합명사** : 많은 사람, 동물, 사물을 한꺼번에 지시하는 명사입니다.

   예 folla 군중, popolo 국민, gregge (동물 등의) 무리

5) **구상명사** : 감각기관을 통해 실제적으로 느낄 수 있는 존재 또는 사물을 지시하는 명사입니다.

   예 uomo 남자(인간), donna 여자, leone 사자, casa 집, rumore 소음

6) **추상명사** : 몸체가 없는, 보이지 않는 생각, 개념 등을 지시하는

명사입니다.

圆amore 사랑, bellezza 아름다움, giustizia 정의, speranza 희망, libertà 자유 등

명사의 성(性)과 수(數)

'이탈리아어의 명사'는 성(性)과 수(數)로 나눠지는데 성(性)에는 남성과 여성, 수(數)에는 '단수'와 '복수'가 있습니다. 이탈리아어 명사의 어미는 모음인 -a(-à), -e(è), -i(ì), -o(ò), -ù로 거의 모두가 끝납니다. -à, -è, -ì, -ò, -ù의 경우는 단어의 마지막 모음에 악센트가 붙는 경우를 의미합니다.

자, 그럼, 하나씩 살펴보겠습니다.

1) 명사의 마지막 모음이 -o로 끝나는 경우는 거의 대부분 남성 단수입니다.

-a로 끝나는 경우는 거의 대부분 여성 단수입니다. 이러한 경향은 이탈리아 사람들의 이름에서도 알 수 있습니다.圆 남성 : Mario, Roberto, Massimo, Marco 등 / 여성 : Maria, Roberta, Anna, Laura 등(圆圆 Luca, Andrea는 남자 이름).

[듣기 41]

	단수	복수
남성	-o il libro 책 il ragazzo 소년	-i i libri 책들 i ragazzi 소년들
여성	-a la penna 펜 la ragazza 소녀	-e le penne 펜들 le ragazze 소녀들

위의 예에서 보듯이 -o로 끝나는 남성 단수 명사의 복수형은 -i입니다.

예 il gatt**o** 숫고양이 ➡ i gatt**i** 숫고양이들,

il nonn**o** 할아버지 ➡ i nonn**i** 할아버지들

＊ -io로 끝나는 남성 단수 명사의 복수 형태는 다음과 같은 형태로 변합니다.

　　a) -io의 i에 악센트가 있을 때 ➡ ii.

　　　lo z**io** 삼촌 ➡ gli z**ii** 삼촌들, il pend**io** 경사지 ➡ i pend**ii** 경사지들

　　b) -io의 i에 악센트가 없을 때 ➡ i.

　　　lo specch**io** 거울 ➡ gli specch**i** 거울들, il f**iglio** 아들 ➡ i figl**i** 아들들

＊ -co, -go로 끝나는 남성 단수 명사의 복수 형태는 다음과 같은 형태로 변합니다.

　　a) 단어의 끝에서 '두 번째' 모음에 악센트가 있을 때 ➡ -chi, -ghi.

　　　il la**go** 호수 ➡ i la**ghi** 호수들, il par**co** 공원 ➡ i par**chi** 공원들

　　　예외 l'ami**co** 남자 친구 ➡ gli ami**ci** 남자 친구들, il gre**co** 그리스인 ➡

　　　　　i gre**ci** 그리스인들

　　b) 단어의 끝에서 '세 번째' 모음에 악센트가 있을 때 ➡ -ci, -gi.

　　　il medi**co** 의사 ➡ i medi**ci** 의사들, il tecni**co** 기술자 ➡ i tecni**ci** 기술자들

-a

-**a**로 끝나는 명사의 경우는 대부분 여성 단수 명사이며, 이 경우 복수 형태는 -**e**로 변합니다.

예 la gatt**a** 암고양이 ➡ le gatt**e** 암고양이들,

la nonn**a** 할머니 ➡ le nonn**e** 할머니들

＊ -ca, -ga로 끝나는 여성 단수 명사의 복수 형태는 -che, -ghe로 변합니다.

　l'ami**ca** 여자 친구 ➡ le ami**che** 여자 친구들,

　la bibliote**ca** 도서관 ➡ le bibliote**che** 도서관들

2) 명사의 마지막 모음이 -**e**로 끝나는 경우는 '남성 단수' 또는 '여성 단수' 중 하나입니다. 그러므로 그 때 그 때 암기하시는 것이 좋습니다.

-e

-e로 끝나는 남성 단수 명사와 여성 단수 명사의 '복수' 형태
는 모두 **-i**로 변합니다.

[듣기 42]

	단수	복수
	-e	**-i**
남성	il fior**e** 꽃 il padr**e** 아버지	i fior**i** 꽃들 i padr**i** 아버지들
	-e	**-i**
여성	la madr**e** 어머니 la stazion**e** 역	le madr**i** 어머니들 le stazion**i** 역들

○ 남성 (단수 ➡ 복수) : -e ➡ -i

　예 **il** giornal**e** 신문 ➡ **i** giornal**i** 신문들,
　　il camerier**e** 웨이터 ➡ **i** camerier**i** 웨이터들

○ 여성 (단수 ➡ 복수) : -e ➡ -i

　예 **la** lezion**e** 수업 ➡ **le** lezion**i** 수업들,
　　la stagion**e** 계절 ➡ **le** stagion**i** 계절들

3) 명사의 마지막 모음이 **-i**로 끝나는 경우는 -e로 끝나는 경우와 마
　찬가지로 남성 단수 또는 여성 단수 중 하나입니다. 그러므로 그
　때 그 때 암기하시는 것이 좋습니다. 이 경우의 복수 형태는 단수
　형태와 동일한 **-i**입니다. **-i**로 끝나는 단어는 '대부분 여성'이며, 단
　수인지, 복수인지는 '관사'로 구별합니다.

[듣기 43]

	단수	복수
	-i	**-i**
남성	lo sc**i** 스키 il brindis**i** (축배)	gli sc**i** 스키들 i brindis**i** (축배들)

	단수	복수
여성	**-i** la cris**i** 위기 l'analis**i** 분석	**-i** le cris**i** 위기들 le analis**i** 분석들

○ 남성 및 여성 (단수 ➡ 복수) : **-i** ➡ **-i**

　　예) lo zomb**i** 좀비 ➡ **gli** zomb**i** 좀비들,

　　　　la tes**i** 논문 ➡ **le** tesi 논문들,

　　　　l'ipotes**i** 가정(假定) ➡ **le** ipotesi 가정(假定)들

4) 다음은 '단수와 복수가 동일한 경우'를 살펴보겠습니다. 명사의 마지막 모음에 악센트가 오는 경우 명사의 단수와 복수가 동일한 경우입니다.

　명사의 마지막 모음이 **-ì**(악센트 표시에 주의하십시오)로 끝나는 경우는 대부분 '남성 단수형'으로 복수형 또한 변하지 않고 동일합니다. 명사의 마지막 모음이 **-à**와 **-ù**로 끝나는 경우는 '여성 단수형'으로 복수형은 변하지 않고 동일합니다. 이 경우는 이전 과에서 학습했던 '관사로 단수와 복수를 구별' 합니다.

[듣기 44]

	단수	복수
남성	**-è** il caff**è** (커피)	**-è** i caff**è**(커피들)
남성	**-ì** il luned**ì** (월요일)	**-ì** i luned**ì** (월요일들)
남성	**-ò** il fal**ò** (들불)	**-ò** i fal**ò** (들불들)
여성	**-à** la citt**à** (도시)	**-à** le citt**à** (도시)
여성	**-ù** la giovent**ù** (젊음)	**-ù** le giovent**ù** (젊음)

5) 다음은 몇 가지 '예외적인 경우'입니다.

① 명사의 끝부분이 **-ma**로 끝나는 단어는 남성 단수 취급을 하며, 복수형은 **-mi**입니다. 명사의 끝부분이 -o로 끝나는 경우임에도 여성 단수인 경우는 **mano**(손)이 가장 대표적이며, 복수 형태는 **mani**입니다. la foto, la moto는 원래 la fotografia, la motocicletta의 준말이기 때문에 복수형은 관사의 형태만 변합니다. 또 다른 예로는 라디오와 자동차(la radio → le radio, l'auto → le auto)가 있습니다.

	단수	복수
남성	**-a** il siste**ma** 시스템 il proble**ma** 문제	**-i** i siste**mi** 시스템들 i proble**mi** 문제들
여성	**-o** la man**o** 손 la fot**o** 사진 la mot**o** 오토바이	**-i** le man**i** 손들 le fot**o** 사진들 le mot**o** 오토바이들

② 다음은 불규칙한 복수형을 취하는 명사들입니다. 경우에 따라 관사도 변하는 것에 주의하시기 바랍니다.

　　예 il **dio** 신(神) → gli **dei** 신(神)들, l'uomo 인간 → gli **uomini** 인간들, 　l'**orecchio** 귀 → le **orecchie** 귀들

③ 단모음(단어에 모음 - a, e, i, o, u -이 단 한개)인 경우에는 단수와 복수형이 일치합니다. 이 경우에 단수와 복수의 구별은 '관사'로 합니다.

　　il **re** 왕 → i **re** 왕들, la **gru** 학(鶴) → le **gru** 학(鶴)들

④ 단어의 끝이 자음으로 끝나는 경우에는 단수와 복수형이 일치합니다. 이 경우에도 단수와 복수의 구별은 '관사'로

합니다.(자음으로 끝나는 명사는 남성 취급)

il bar 바 ➡ i bar, il gas 가스 ➡ i gas, il gol 골 ➡ i gol,
lo sport 스포츠 ➡ gli sport

* 몇몇 명사는 두 개의 복수형을 갖습니다. 관사에도 주의를 기울이시기 바랍니다. 대표적인 예는 다음과 같습니다.
il braccio 팔➡le braccia 인간의 두 팔 i bracci 강의 지류,
il dito 손가락➡le dita 모든 손가락 i diti 각각의 손가락들,
il grido 고함소리 ➡ le grida 인간의 고함소리 i gridi 동물의 울부짖는 소리
il muro 담, 벽 ➡ i muri 가정집의 담 le mura 도시 또는 성(城)의 벽
l'osso 뼈 ➡ le ossa 인간의 모든 뼈 gli ossi 도축된 동물의 뼈

* -ista로 끝나는 명사의 경우는 관사로서 성수를 구별합니다.
il pianista ➡ i pianisti 남성 피아니스트
la pianista ➡ le pianiste 여성 피아니스트

* 사전에서는 명사의 성(性)·수(數)를 다음과 같이 약자로 표기합니다.
s. ➡ 명사(sostantivo), pl. ➡ 복수(plurale).
m. ➡ 남성(maschile), f. ➡ 여성(femminile)
예 libro: s. m. (pl. libri)
penna: s. f. (pl. penne)

다음 괄호 안에 알맞은 정관사를 넣고, 복수형태로 고치시오.

a) (   ) libro ➡
b) (   ) penna ➡
c) (   ) mano ➡
d) (   ) città ➡
e) (   ) problema ➡

정답 ➡ a) il ➡ i libri b) la ➡ le penne c) la ➡ le mani
d) la ➡ le città e) il ➡ i problemi

**과일의
성(性)에 대해**

일반적으로 이탈리아어에서 il frutto 및 복수인 i frutti는 과일 나무에서 생산된 과일을 의미합니다. 여성형인 la frutta는 식탁 위에 올릴 과일을 말합니다. 이탈리아어에서 과일 명은 대부분 여성명사 취급을 하며(예 mela 사과, pera 배, banana 바나나, arancia 오렌지, ciliegia 체리 등). 과일 나무는 거의 남성명사 취급을 합니다(예 melo 사과나무, pero 배나무, banano 바나나 나무, arancio 오렌지 나무, ciliegio 체리나무 등). 여자는 과일처럼 예쁘고, 나무는 남자처럼 믿음직해서 그렇게 성을 구분했다고 생각이 됩니다.

그런데 과일도, 나무도 모두 남성 취급을 하는 경우도 있습니다. 예를 들면, il fico (무화과, 무화과나무), il limone (레몬, 레몬나무), il pompelmo (자몽, 자몽나무) 등이 있습니다.

제 6과

Essere 동사
(Verbo *Essere*)

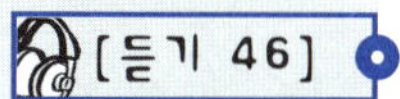

Ciao! 안녕!

Mario : Ciao! 안녕!

Rosa : Ciao! 안녕!

Mario : **Sono** Mario e **sono** american**o**. E tu?

　　　　나는 Mario고 미국인이야. 너는?

Rosa : **Sono** Rosa. Molto piacere!

　　　　나는 Rosa야. 만나서 매우 반가워!

Mario : Anche tu **sei** american**a**?

　　　　그런데 너도 미국인이니?

Rosa : No, non **sono** american**a**.

　　　　Sono italian**a**.

　　　　아니. 나는 미국인이 아니야. 나는 이탈리아인이야.

Essere(~이다) 동사는 일반적으로 '**상태**' 를 나타내는 동사로, 영어의 be 동사에 해당합니다. 위의 대화문에 나오는 sono, sei 가 essere 동사에 속합니다. **중요한 점**은 essere 동사 뒤에 나오는 명사(또는 형용사)는 반드시 '**주어의 성(性)·수(數)와 일치**' 해야 한다는 것입니다. 위의 대화문을 잘 살펴보시면 Mario는 미국남자이니까 'american**o**' 라고 하고, Rosa는 미국인이 아니라 이탈리아인이니까 'No, non sono american**a**. Sono italian**a**' 라고 한다는 점입니다.

이번 과에서는 이탈리아어 동사 중에서 가장 기본이 되는 동사 중의 하나인 'essere동사' 에 대해서 알아보겠습니다.

Essere 동사

[듣기 47]

주어	동사	
(Io)	Sono	coreano. . 나는 한국인(남성)이다.
		coreana. 나는 한국인(여성)이다.
(Tu)	Sei	coreano. 너는 한국인(남성)이다.
		coreana. 너는 한국인(여성)이다.
(Lui)		coreano. 그 남자는 한국인이다.
(Lei)	È	coreana. 그 여자는 한국인이다.
(Lei)		coreano. 당신은 한국인(남성)이다.
		coreana. 당신은 한국인(여성)이다.
(Noi)	Siamo	coreani. 우리는 한국인(남성들)이다.
		coreane. 우리는 한국인(여성들)이다.
(Voi)	Siete	coreani. 너희들(당신들)은 한국인(남자들)이다.
		coreane. 너희들(당신들)은 한국인(여자들)이다.
(Loro)	Sono	coreani. 그들은 한국인(남자들)이다.
		coreane. 그들은 한국인(여자들)이다.

위의 도표에서 우리말을 먼저 살펴보면, 주어(나, 너, 그 남자...)에 상관없이 항상 '~이다' 로 끝나는 것을 알 수 있습니다.

그러나 이탈리아어를 보면 주어에 따라서 '~이다'를 의미하는 'essere 동사'가 모두 변하는 것(sono, sei, è...)을 알 수 있습니다. 이처럼 **이탈리아어의 동사는 주어에 따라 모두 다른 형태를 갖는다**는 점이 특징입니다. 그러므로 주어에 따라 동사의 형태가 모두 다르기 때문에 **일반적으로 주어를 생략**합니다. 주어가 표기되어 있지 않더라도 동사의 형태만 보면 주어를 알 수 있기 때문입니다. 그러므로 동사의 변화를 암기하는 것이 매우 중요합니다. **Essere 동사가 사용될 때 특히 중요한 점**은 essere 동사 뒤에 나오는 **명사 또는 형용사의 형태는 주어의 성(性)·수(數)에 반드시 일치해야** 한다는 점입니다. 즉, **주어가 '남성 단수'**이면, essere 동사 뒤의 **명사나 형용사도 '남성 단수'** 형태를 사용해야하며, **주어가 '여성 단수'**이면, essere 동사 뒤의 **명사나 형용사도 '여성 단수'** 형태를 사용해야 한다는 의미입니다.

위의 도표를 보면서 **'주어가 단수인 경우'**를 먼저 살펴보겠습니다.

○ **1인칭 단수**인 Io(나)가 '한국인 남성'이면 coreano, '한국인 여성'이면 coreana가 됩니다. 그러므로 이 책을 가지고 공부하시는 분들이 "나는 한국인입니다"라고 각자 자신을 소개할 때, '남성'은 '(Io) Sono coreano.'라고 해야 하고, '여성'은 '(Io) Sono coreana.'라고 소개해야 합니다.

○ **2인칭 단수**에는 Tu(너)입니다. 이 경우도 마찬가지로 '한국인 남성'이면 coreano, '한국인 여성'이면 coreana가 됩니다. **'당신'을 의미하는** Lei는 3인칭 단수로 취급하여 '그 여자'를 의미하는 'Lei'와 철자가 동일합니다. 그러나 '그 여자'를 의미하는 'Lei'는 문장의 첫머리에서만 대문자로 표기하고, 문장 중간에 사용될 경우에는 소문자로 표기하지만, **'당신'을 의미하는 Lei는 문장 중간에 사용되더라도 L을 반드시 대문자**

로 표기해야 합니다. 또 한 가지 **매우 중요한 사항**은 '당신' 을 의미하는 Lei는 2인칭 단수이지만, 문법적으로는 3인칭 단수로 취급하므로 이에 해당하는 **동사는 반드시 3인칭 단수에 맞는 동사를 사용해야** 한다는 점입니다. 그러므로 è를 사용한 것입니다. '당신(Lei)' 이 '한국 남성' 이면 coreano, '당신'이 '한국 여성' 이면 coreana입니다.

- **3인칭 단수**인 Lui(그 남자)는 '남성 단수' 이므로 coreano, Lei(그 여자)는 '여성 단수' 이므로 coreana가 됩니다.

다음은 '**주어가 복수인 경우**' 를 살펴보겠습니다.

복수인 경우는 제 5과 '명사편' 에서 학습한 '단수를 복수로 바꾸는 방법' 을 그대로 적용하시면 됩니다. 여러분은 -o ➡ -i로, -a ➡ -e로, -e ➡ -i로 바꾼다는 것을 기억하실 것입니다.

- **1인칭 복수**인 Noi(우리들)가 한국인 '남성 복수' 인 경우는 coreani, 한국인 '여성 복수' 인 경우는 coreane입니다. 남성과 여성이 같이 있는 경우는 '남성 복수에 기준' 을 두어 coreani로 변합니다.

- **2인칭 복수**인 Voi(너희들, 당신들)는 Noi의 경우와 마찬가지로 한국인 남성 복수인 경우는 coreani, 한국인 여성 복수인 경우는 coreane입니다. 한국인 남성과 여성이 같이 있는 경우는 '남성 복수에 기준' 을 두어 coreani로 변합니다.

- **3인칭 복수**인 loro(그들)은 Noi, Voi의 경우와 마찬가지로 한국인 남성 복수인 경우는 coreani, 한국인 여성 복수인 경우는 coreane입니다. 한국인 남성과 여성이 같이 있는 경우는 Noi, Voi의 경우와 마찬가지로 '남성 복수에 기준' 을 두어

coreani로 변합니다.

이러한 **성(性)·수(數) 일치**는 이탈리아어 문법에서 **매우 중요한 사항**이니 반드시 기억하시기 바랍니다.

Coreano(한국인)와는 달리 명사 또는 형용사의 기본형인 남성 단수형이 giapponese(일본인)의 경우처럼 -e로 끝나는 경우는 여성 단수형도 giapponese동일하며, 복수형은 남성, 여성 모두 giapponesi로 변합니다.

(Io)	Sono	giapponese. 나는 일본인이다.
(Tu)	Sei	giapponese. 너는 일본인이다.
(Lui)		giapponese. 그 남자는 일본인이다.
(Lei)	È	giapponese. 그 여자는 일본인이다.
(Lei)		giapponese. 당신은 일본인이다.
(Noi)	Siamo	giapponesi. 우리는 일본인이다.
(Voi)	Siete	giapponesi. 너희(당신들)은 일본인이다.
(Loro)	Sono	giapponesi. 그들은 일본인이다.

일본인을 의미하는 giapponese는 기본형인 남성 단수형이 -e로 끝남으로 1인칭 단수, 2인칭 단수, 3인칭 단수 모두 성(性)에 관계없이 giapponese가 됩니다. 복수형은 -e를 -i로 바꿔주면 됨으로 giapponesi가 됩니다. 국적을 나타내는 이와 같은 단어로는 francese(프랑스인), cinese(중국인), inglese(영국인) 등이 있습니다.

기본형인 남성 단수형이 -o로 끝나는 국적을 나타내는 단어로는 italiano(이탈리아인), tedesco(독일인), svizzero(스위스인), americano(미국인) 등이 있습니다.

✽ 부정문을 만들 경우에는 **동사 앞**에 부정부사인 non을 첨가하면 됩니다.

(Io) Non sono giapponese. 나는 일본인이 아닙니다.

Marco non è americano. Marco는 미국인이 아닙니다.

다음 괄호 안에 알맞은 essere 동사를 넣고, 우리말로 해석하시오.

---

a) Mario (　　) italian**o**.
b) Ann**a** (　　) italian**a**.
c) Robert**o** e Paol**o** (　　　) italian**i**.
d) Robert**o** e Ann**a** (　　　) italian**i**.
e) Ann**a** e Maria (　　　) italian**e**.

정답 a) è. Mario(남성)는 이탈리아인이다.
b) è. Anna(여성)는 이탈리아인이다.
c) sono. Roberto(남성) 와 Paolo(남성)는 이탈리아인이다.
d) sono. Roberto(남성)와 Anna(여성)는 이탈리아인이다.
e) sono. Anna(여성)와 Maria(여성)는 이탈리아인이다.

유머코너

대단한 직업이군!

A : "Io sono un cantante famoso. 저는 유명한 가수입니다.
제가 노래를 부르면 모든 사람이 입을 벌린 채 정신없이 제 노래를 들어요."

B : "제게도 그런 일이 일어납니다."

A : "Anche **Lei è** cantante? 당신도 가수입니까?"

B : "No, non **sono** cantante. **Sono** dentista."
"아니오. 저는 가수가 아닙니다. 저는 치과의사입니다."

제 **7** 과

Avere 동사
(Verbo *Avere*)

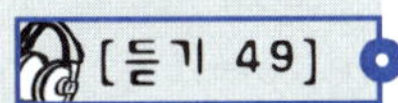

Hai una penna? 너 펜 가지고 있니?

Mario : Rosa, **hai** una penna?

　　　　로사, 너 펜 가지고 있니?

Rosa : Sì, ecco. 응, 여기 있어.

Mario : Molte grazie! 대단히 고마워.

Rosa : Prego! **Hai** bisogno di altre cose?

　　　　천만에! 다른 것 필요한 것 있니?

Mario : Sì, **ho** bisogno anche di una matita.

　　　　응, 난 연필도 필요해.

　　Avere(~갖다) 동사는 일반적으로 '**소유**'를 나타내는 동사로, 영어의 have 동사에 해당합니다. 영어의 have에서 h를 제거해 보시면, ave가 되지요. 이탈리아어의 avere와 영어의 have가

'~갖다' 라는 의미와 관련이 있음을 알 수 있습니다.

Avere(~갖다) 동사는 바로 이전 과에서 보았던 essere 동사와는 달리 avere 동사 뒤에 나오는 명사는 주어의 성(性)·수(數)와 관련이 없습니다.

자, 그럼 다음 예문을 보면서 주어에 맞는 'avere' 동사를 학습해 봅시다.

Avere 동사

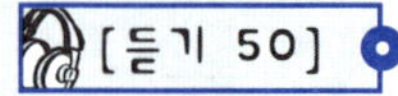

(Io)	**ho**	una penna.	나는 펜을 가지고 있다.
(Tu)	**hai**	una penna.	너는 펜을 가지고 있다.
(Lui)		una penna.	그 남자는 펜을 가지고 있다.
(Lei)	**ha**	una penna.	그 여자는 펜을 가지고 있다.
(Lei)		una penna.	당신은 펜을 가지고 있다.
(Noi)	**abbiamo**	una penna.	우리들은 펜을 가지고 있다.
(Voi)	**avete**	una penna.	너희들(당신들)은 펜을 가지고 있다.
(Loro)	**hanno**	una penna.	그들은 펜을 가지고 있다.

위의 예문에서 보시다시피, 주어가 달라지면 avere 동사의 형태는 변하지만, avere 뒤에 오는 명사의 형태는 전혀 변하지 않는다는 것을 알 수 있습니다.

앞서 학습한 essere동사와 이번 과의 avere 동사의 시제는 '말하는 사람이 객관적인 사실을 나타내는 방식(직설법)'의 '현재형'입니다(제 11과 참고). '동사편(제 10과~제 15과)'에서 자세히 학습하겠지만 이탈리아어 동사는 현재, 과거, 미래 등을 지시하는 '시제'와 말하는 사람이 객관적 사실을 나타내는 방식(직설법), 주관적인 생각을 나타내는 방식(접속법), 가능성을 나타내는 방식(조건법), 명령을 나타내는 방식(명령법) 등, '법(法)'에 따라 다양한 형태를 갖습니다.

예를 들어 "Chulsoo **è** corean**o**. 철수는 한국인입니다." 라고 말하는 문장은 '지금(시제) 실제로(직설법) 철수는 한국인' 이라는 것을 표현하는 것입니다. 이와 마찬가지로 내가 "**Ho** una penna. 나는 펜을 가지고 있습니다." 라고 말하면, '지금(시제) 실제로(직설법) 나는 펜을 가지고 있다' 라는 것을 표현하는 것입니다. 그러므로 위의 대화문에서도 "Rosa, **hai** una penna? 로사, 너 펜 가지고 있니?" 라고 물어보는 의미 속에는 질문하는 사람이 상대방에게 '지금(시제) 실제로(직설법) 펜을 가지고 있느냐' 고 물어보는 것입니다. 즉, 위의 문장에서 동사 '**hai**' 를 보면, '**주어**' 가 '2인칭 단수(tu)' 이라는 점, '**시제**' 가 '현재' 라는 점, '**법**' 은 객관적인 사실을 나타내는 '직설법' 이라는 점을 알 수 있는 것입니다.

이러한 특징은 이탈리아어에서 **동사**가 다른 품사들보다도 더욱 중요한 역할을 한다는 것을 나타냅니다. 즉, '**동사**' 를 보면 '**주어가 누구인지**', '**단수인지 복수인지**', '**시제가 현재인지, 과거인지, 미래인지**', '**말하는 사람이 표현하는 방식이 무엇인지**' 등을 정확히 알 수 있습니다. 이러한 사항은 '동사편(제 10과~제 15과)' 에서 보다 자세히 설명하겠습니다.

다음 괄호 안에 알맞은 avere 동사를 넣고, 우리말로 해석하시오.

a) Io (　　　　) una penna.
b) Voi (　　　　) una chiave.
c) Noi (　　　　) un telefonino.
d) Tu (　　　　) un dizionario?
e) Signora Paola, Lei (　　　　) un libro?

정답 a) ho 나는 펜을 가지고 있다.
b) avete 너희들은(당신들은) 열쇠를 가지고 있다.
c) abbiamo 우리는 핸드폰을 가지고 있다.
d) hai 넌 사전을 가지고 있니?
e) ha 빠올라 부인, 당신은 책을 가지고 있습니까?

✱ Essere동사와 Avere 동사.

잠시 머리를 식히는 의미에서 essere 동사와 avere 동사가 유명하게 사용된 경우를 살펴보겠습니다.

Essere o non essere, questo è il problema.

사느냐 죽느냐. 이것이 문제로다.

많이 들어보셨죠? 섹스피어의 대표적 비극작품인 『햄릿』의 제 1장에 나오는 주인공 햄릿의 대사입니다.

✱ Avere o non avere. 갖느냐 못 갖느냐.

어니스트 헤밍웨이의 소설을 원작으로 우리나라에서는 '소유와 무소유' 라는 제목으로 소개된 영화의 이탈리아어 제목입니다. 필름 누아르와 갱스터의 대가 하워드 훅스 연출로 1944에 완성된 영화입니다. 험프리 보가트(해리 역)가 주연을 맡았고, 당시 19세의 로렌 바콜(메리 역)이 이 영화로 데뷔했지요.

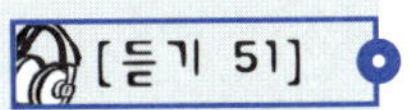

Un gatto nero. 검은 고양이

Mario : Anna, **che** animale hai?

　　　Anna, 넌 어떤 동물을 가지고 있니?

Anna : Ho un **gatto nero**. E tu?

　　　나는 검은 숫고양이를 가지고 있어. 너는?

Mario : Ho una gatta.　　나는 암고양이를 가지고 있어.

Anna : Di **che** color è **la tua gatta**?

　　　네 고양이는 무슨 색이니?

Mario : **La mia gatta** è **nera**.

　　　내 고양이는 검은색이야.

'검은 고양이 네로' 라는 노래 들어보셨지요? '네로' 는 이탈리아어로 표기하면 'nero'로, '검은색'을 의미하는 '형용사'입니다. 고양이는 고양이인데 '색깔이 검은 고양이'라는 것을 'nero'라는 '형용사'를 첨가해서 고양이의 특징을 더욱 보충해 주고 있는 것입니다. 이와 같이 **'형용사'는 명사를 수식하여 명사의 성질, 형태, 특징, 정해진 역할 등을 나타내는 품사입니다.**

이탈리아어에서 형용사는 명사의 성질, 특징, 형태, 상태 등을 나타내는 '품질형용사'와 소유, 지시, 수(數), 부정확한 수량, 의문, 감탄 등의 역할이 있는 '한정형용사'로 구분합니다.

● 형용사의 형태

위의 예문 [듣기 51]에서 파란색으로 표시된 nero(검은), tua(너의), mia(나의), nera(검은), che(무슨)가 '형용사'입니다. 이 중에서 nero와 nera는 색을 나타내는 '품질형용사'이며, tua와 mia는 소유를 나타내는 '소유형용사', che는 의문문에 사용되는 '의문형용사'입니다. '소유형용사'와 '의문형용사'는 각각의 고유한 역할이 정해져 있으므로 '한정형용사'에 속합니다. 보시다시피 이렇게 형용사는 '명사의 앞 또는 뒤에 위치'하여 명사를 수식하고 있습니다. 중요한 점은, 형용사는 반드시 '명사와 같이' 사용되며, 명사의 성(性)·수(數)와 일치해야 한다는 점입니다.

이탈리아어 형용사의 형태를 살펴보면 대부분 형용사의 **기본형이 -o로 끝나는 형용사**(예 nero 검은)와, -e(예 verde 푸른)로 끝나는 형용사가 있습니다. -o로 끝나는 형용사는 '**4가지 형태**' [남성 단수 : -o(예 nero), 여성 단수 : -a(예 nera), 남성복수 : -i(예 neri), 여성복수 : -e(예 nere)]를 지니며, 형용사의 **기본형이 -e로 끝나는 형용사**는 '**2가지 형태**' [남성 및 여성 단수 : -e(예 verde, 남성 및 여성 복수 : -i(예 verdi)]를 지닙니다. 앞서 학습한 국적을 나타내는 명사인 coreano, coreani, coreana, coreane와 giapponese, giapponesi에 관한 내용을 기억하신다면, 훨씬 이해하기 쉬울 것입니다(➡제 6과 참고).

먼저, 품질형용사의 예문을 살펴보겠습니다.

8.1. 품질형용사(Aggettivi qualitativi)

[듣기 52]

	단수 → 복수
1)	bambino carino ➡ bambini carini 귀여운 남자아이　　귀여운 남자아이들 bambina carina ➡ bambine carine 귀여운 여자아이　　귀여운 여자아이들
2)	ragazzo italiano ➡ ragazzi italiani 이탈리아 소년　　이탈리아 소년들 ragazza italiana ➡ ragazze italiane 이탈리아 소녀　　이탈리아 소녀들
3)	gatto nero ➡ gatti neri 검은 숫고양이　　검은 숫고양이들 gatta nera ➡ gatte nere 검은 암고양이　　검은 암고양이들
4)	buono zaino ➡ buoni zaini 좋은 배낭　　좋은 배낭들 buona sera ➡ buone sere 좋은 저녁　　좋은 저녁들
5)	bel ragazzo ➡ bei ragazzi 멋있는 소년　　멋있는 소년들 bella ragazza ➡ belle ragazze 예쁜 소녀　　예쁜 소녀들

상기한 예문에서 밑줄이 그어진 단어가 명사의 성질, 특징, 상

태 등을 나타내는 '**품질형용사**' 입니다.

형용사에 있어서 가장 중요한 요소 중에 하나는 조금 전에 언급했듯이 **명사의 성(性)·수(數)와 반드시 일치해야** 한다는 것입니다. 특히 위의 예 1), 2), 3)에서 알 수 있듯이 명사가 '남성 단수' 이면 형용사도 '남성 단수' 형태(**-o**), 명사가 '남성 복수' 이면 형용사도 '남성 복수' 형태(**-i**), '명사가 여성 단수' 이면 형용사도 '여성 단수 형태(**-a**)', 명사가 여성 복수이면 형용사도 '여성 복수 형태(**-e**)' 를 사용해야 한다는 것입니다. 형용사는 반드시 명사와 같이 사용되기 때문에 당연히 명사를 따라가야 한다고 생각하시면 됩니다.

음악회 또는 오페라 공연 등에 가보면 독주자 및 성악가들이 나와서 노래를 합니다. 노래가 끝나면 일반적으로 bravo라고 외치며 박수를 칩니다. 하지만 아무 때나 bravo라고 외치면 안 된답니다. '한 명의 여자 성악가' 가 노래를 불렀는데도 bravo라고 외치면, 교양이 조금 부족함을 보여주는 일이지요. 왜냐고요? 바로 조금 전에 학습한 명사와 형용사의 **성(性)·수(數)일치** 때문입니다. '**한 명의 남자 성악가**' 일 경우에는 **bravo**, '**한 명의 여자 성악가**' 일 경우에는 **brava**, '**여러 명의 남자 성악가 또는 남녀 혼성**' 일 경우에는 **bravi**, '**여러 명의 여자 성악가**' 일 경우는 **brave**라고 소리치며 박수를 쳐야 합니다. 여러분께서도 이제 음악회에 가시면 어떤 경우에 bravo라고하고, 어떤 경우에 brava, bravi, brave라고 해야 하는지 아시겠지요?

품질 형용사의 위치

다음은 '**품질형용사의 위치**' 에 대해 살펴봅시다. 먼저 위의 예문 1)~5)까지를 살펴보시면 **형용사의 위치**가 1)~3)까지는 **명사의 뒤**에, 4), 5)는 형용사가 **명사의 앞**에 위치하고 있다는 것을 아실 수 있을 것입니다. 즉, 이탈리아어의 품질형용사는

‘명사의 앞’에 올 수 도 있고, ‘명사의 뒤’에 올 수도 있습니다. 형용사가 명사의 앞에 위치하느냐, 아니면 명사 뒤에 위치하느냐에 따라 의미가 완전히 달라지는 경우도 있지만, 일반적으로 품질형용사는 명사의 뒤에 위치합니다.

‘형용사의 위치’에 있어서 **반드시 기억하셔야 할 사항**은 2)와 3)의 경우입니다. 2)의 경우처럼 **국적**을 나타내는 형용사와 3)의 경우처럼 **색**을 나타내는 형용사는 **반드시 명사의 뒤**에 위치합니다. 관사를 사용해서 예를 하나씩 더 든다면, ‘한국어’는 ‘la lingua coreana’, ‘검은 눈’은 ‘gli occhi neri’가 되겠지요.

> 🔵＊ blu(파란색), rosa(분홍색), viola(자주색), arancione(오렌지 색)과 같은 색을 나타내는 형용사는 명사의 성수에 무관하며 형태가 변하지 않습니다.
> 🔵예 cielo blu 파란 하늘. giacca blu 파란 재킷

다음은 4)와 5)의 경우처럼 형용사의 형태가 다양한 경우입니다. 일상생활에서 많이 사용되는 형용사 ‘buono’(좋은, 맛있는)와 ‘bello’(멋있는, 아름다운)는 일반적으로 명사의 앞에 위치하며, 여러 형태를 가지고 있습니다.

‘Buono’의 경우에는 다음과 같이 **부정관사 규칙**을 따릅니다.

a) 모음 및 자음으로 시작하는 남성명사 앞에서는 **buon**이 됩니다.

un amico ➜ **buon** amico / **un** giorno ➜ **buon** giorno

b) 여성명사 앞에서는 **buona**가 됩니다.

una sera ➜ **buona** sera / **una** notte ➜ **buona** notte

c) s + 자음, z 등으로 시작하는 남성명사 앞에서는 **buono**가 됩니다.

uno studente ➜ **buono** studente /
uno zio ➜ **buono** zio

'Bello' 의 경우에는 **정관사 규칙**을 따릅니다.

a) 자음으로 시작하는 남성명사 앞에서는 **bel** (복수형태는 **bei**)이 됩니다.

il ragazzo ➡ **bel** ragazzo / **i** ragazzi ➡ **bei** ragazzi

b) 모음, s + 자음, z 등으로 시작하는 남성명사 앞에서는 **bello** (복수형태 **begli**)가 됩니다.

lo specchio ➡ **bello** specchio / **gli** specchi ➡ **begli** specchi

lo zaino ➡ **bello** zaino / **gli** zaini ➡ **begli** zaini

l'italiano ➡ **bell'**italiano / **gli** italiani ➡ **begli** italiani(**begl'**italiani)

c) 여성명사 앞에서는 **bella**(복수형태 **belle**)가 됩니다.

la ragazza ➡ **bella** ragazza / **le** ragazze ➡ **belle** ragazze

l'italiana ➡ **bell'**italiana / **le** italiane ➡ **belle** italiane

모든 품사가 관사와 함께 사용되어 명사가 될 수 있듯이, 형용사도 **명사**가 될 수 있습니다. 다음 문장을 봅시다.

a) Il **vecchio** capitano guardava il mare.
늙은 선장은 바다를 바라보고 있었다.

b) Il **vecchio** ripensava alla sua gioventù.
노인은 그의 젊은 시절을 생각하고 있었다.

위 문장에서 a)의 경우 vecchio는 명사인 capitano를 수식하는 형용사로 '늙은', '나이든' 이라는 뜻으로 사용되었습니다. b)의 경우는 관사와 합해져서 '노인' 이라는 명사가 된 경우입니다.

형용사는 **부사적 용법**으로 사용되기도 합니다.

a) Ti dico **chiaro**. 나는 네게 **확실하게** 말한다.

 Ti : 네게. 간접대명사 ➡ 제 9과 참고

b) Mio padre lavora **duro**. 나의 아버지는 **힘들게** 일한다.

위의 두 문장에서 형용사인 chiaro와 duro가 '부사적 용법'으로 사용된 경우입니다. 즉, chiaro는 원래 형용사로 '확실한, 밝은'이라는 의미이지만, 이곳에서는 '확실하게'(in modo chiaro)라는 부사적 의미로 사용되었으며, duro는 '힘든, 단단한'이라는 의미를 지닌 형용사이지만, 이곳에서는 '힘들게'(duramente)라는 부사적 의미로 사용되었습니다.

형용사 위치에 따라 뜻이 달라지는 대표적인 경우는 다음과 같습니다.
  a) la **povera** donna 가련한(불쌍한) 여자
     la donna **povera** 가난한(경제적 형편이 어려운) 여자
  b) un **certo** guadagno 약간의 소득
     un guadagno **certo** 확실한 소득

다음을 이탈리아어로 바꾸시오. 관사는 정관사를 사용하시오.

> a) 이탈리아 소년 ➡
> b) 이탈리아 소녀 ➡
> c) 이탈리아어 ➡
> d) 검은 숫고양이 ➡
> e) 검은 암고양이 ➡

정답 ➤ a) il ragazzo italiano
　　　　 b) la ragazza italiana
　　　　 c) la lingua italiana
　　　　 d) il gatto nero
　　　　 e) la gatta nera

[듣기 53]

Buon giorno! (= Buon dì! 아침인사) 안녕하세요.

Buon pomeriggio! (점심인사) 안녕하세요.

Buona sera! (저녁인사) 안녕하세요.

Buona notte! (저녁인사) 안녕히 주무세요.

Buon fine settimana! (주말인사) 주말 잘 보내세요!

◖✱ 이탈리아 사람들은 위의 인사말 이외에도 시간에 상관없이 친한 사이에는 '안녕!' 이라는 Ciao!를 사용합니다.

[듣기 54]

Buon appetito! 맛있게 드십시오.

Buon lavoro! 수고하십시오.

Buon viaggio! 좋은 여행 하십시오.

Buon divertimento! 재미있게 보내세요.

Buon Natale! 메리 크리스마스

Buona fortuna! 행운이 있기를 빕니다.

Buona Pasqua! 즐거운 부활절 보내세요.

◖✱ 위의 단어들 중 Natale(크리스마스)와 Pasqua(부활절)은 명절 이름입니다. 명절 이름은 고유명사이기 때문에 문장 중간에 사용되더라도, 항상 첫 자를 **대문자**로 표기합니다.

◖✱ Buon appetito!에 대한 응답은 Altrettanto!(당신도 맛있게 드세요!)입니다.

8.2. 한정형용사(Aggettivi determinativi)

소유, 지시, 수(數), 부정확한 수량, 의문, 감탄 등의 역할을 하며, 명사를 수식하는 형용사를 **한정형용사**라고 합니다. '한정형용사'는 아래와 같이 6가지가 있으며, '한정형용사'의 '**위치**'는 아래 예에서 볼 수 있듯이 **명사의 앞**에 위치합니다(소유형용사는 명사 뒤에도 위치할 수 있습니다).

1) 소유 형용사

il **mio** libro 나의 책, i **miei** libri 나의 책들,

la **mia** penna 나의 펜, le **mie** penne 나의 펜들

2) 지시형용사

questo bambino 이 남자아이,

questi bambini 이 남자아이들,

questa bambina 이 여자아이,

queste bambine 이 여자아이들

3) 수(數) 형용사

il **primo** piano 1층, i **primi** piani 1층들,

la **prima** donna 첫 번째 여자,

le **prime** donne 첫 번째 여자들

4) 부정형용사

qualche amico 몇 명의 남자친구,

qualche amica 몇 명의 여자친구,

alcuni amici 몇 명의 남자친구,

alcune amiche 몇 명의 여자친구

5) 의문형용사

Che lavoro fai? 너는 무슨 일을 하니?

6) 감탄형용사

Che gioia! 너무나 기뻐!

　자, 그럼 각각의 '한정형용사'를 자세히 살펴보겠습니다.

1) 소유형용사(Aggettivi possessivi)

　'소유형용사'는 소유한 물건과 소유자를 지시하는 역할을 하

는 형용사입니다. 다른 모든 형용사와 마찬가지로 명사를 수식하므로 반드시 **명사의 성수와 일치**해야 하며, **정관사**와 같이 사용합니다. 3인칭 복수 형태인 loro(그들의)의 경우는 형태가 변화하지 않습니다. '소유형용사' 의 위치는 **'명사의 앞 또는 뒤'** 에 올 수 있습니다. 일반적으로 소유형용사가 '명사의 뒤' 에 올 때에는 관사가 생략됩니다. **예** la mia casa ➡ casa mia (나의 집)

[듣기 55] 다음은 각각의 인칭과 수(數)에 따른 소유형용사의 형태입니다.

인칭	남성 단수	남성 복수	여성 단수	여성 복수
1인칭 단수(나의)	il **mio** libro	i **miei** libri	la **mia** penna	le **mie** penne
2인칭 단수(너의)	il **tuo** libro	i **tuoi** libri	la **tua** penna	le **tue** penne
3인칭 단수 (그의, 그녀의, 자신의)	il **suo** libro	i **suoi** libri	la **sua** penna	le **sue** penne
격식체(Lei 당신의)	il **Suo** libro	i **Suoi** libri	la **Sua** penna	le **Sue** penne
1인칭 복수(우리들의)	il **nostro** libro	i **nostri** libri	la **nostra** penna	le **nostre** penne
2인칭 복수 (너희들의, 당신들의)	il **vostro** libro	i **vostri** libri	la **vostra** penna	le **vostre** penne
3인칭 복수(그들의)	il **loro** libro	i **loro** libri	la **loro** penna	le **loro** penne

'소유형용사' 를 사용할 때 주의해야 할 사항을 설명하겠습니다.

a) '소유형용사' 를 사용할 때 주의할 사항은 소유주의 성수에 따라서 소유형용사를 사용하는 것이 아니라, 소유물의 성수에 따라서 소유 형용사를 사용해야 한다는 점입니다. 예를 들어 우리말로 '그녀의 책' 이라고 하면, 순간적으로 착각해서 'la sua libro' (×)라고 라고 하기 쉽습니다. 하지만 정답은 'il suo libro' (○)이지요. 왜냐하면 조금 전에 설명 드렸듯이 소유주는 여성 단수이지만, 소유물이 남성 단수(il libro)이기 때문에 'il suo libro' (○)라고 해야 맞습니

다. 즉, 'il suo libro'는 문맥에 따라서 '그 남자의 책'도 될 수 있고, 또는 '그녀의 책'도 될 수 있습니다.

이탈리아어에서는 **명사가 남성이면 관사를 비롯해서 형용사, 대명사도 반드시 남성**이어야 한다는 것을 잘 기억하시기 바랍니다. 물론 **단수이면 단수, 복수이면 복수**를 사용해야 하지요. 조금 전에 오답으로 예를 들었던 'la sua libro' (X)를 살펴보면, 관사(la)와 소유형용사(sua)는 '여성 단수'인데, 명사(libro)는 '남성 단수'이므로 뭔가 어울리지 않는다는 것을 아실 것입니다. 그럼 이번에는 '내 펜'을 이탈리아어로 옮기면 어떻게 될까요? **'소유물의 성(性)과 수(數)가 중요'** 하다고 했으니까, 이 책을 읽으시는 분들이 남성인지 여성인지는 중요하지 않습니다. 여러분 각자가 남성이든, 여성이든 펜은 여성 단수(la penna)이므로 **'la mia penna'** (O)라고 해야 합니다. 내가 남자라고 해서 'il mio penna' (X)라고 하면 틀린다는 것을 반드시 기억하시기 바랍니다.

b) 도표에서 알 수 있듯이 소유형용사 앞에는 반드시 '정관사'를 사용해야 합니다. 하지만 가족, 친지가 **'단수'**로 사용되었을 경우에는 소유형용사 앞에 **정관사를 사용하지 않습니다.**

> 예 mio padre 내 아버지, mia madre 내 어머니,
> tuo fratello 네 형(남동생), tua sorella 네 누나(여동생),
> mio marito 내 남편, tua moglie 네 아내,
> suo zio 그(그녀)의 숙부(삼촌), sua zia 그(그녀)의 숙모
> mio nipote 내 남자 조카(손자),
> mia nipote 내 여자 조카(손녀)

c) 그러나 가족, 친지가 **'복수'**로 사용되었을 경우에는 소유형용사 앞에 **반드시 정관사를 사용**해야 합니다.

예 i tuoi fratelli 네 형들(남동생들),

le tue sorelle 네 누나들(여동생들),

i suoi zii. 그(그녀)의 숙부들,

le sue zie 그(그녀)의 숙모들,

i miei nipoti 내 남자 조카(손자)들,

le mie nipoti 내 여자 조카(손녀)들

d) 가족, 친지가 단수로 사용되었을지라도 소유형용사 이외에 **다른 형용사와 같이 사용할 경우, 애칭**으로 사용하였을 경우에는 **반드시 정관사를 사용**해야 합니다.

예 il mio vecchio nonno 내 늙으신 할아버지,

la tua sorella minore 네 누이동생,

il mio fratellino 내 귀여운 남동생,

la mia mamma 내 엄마

e) 가족, 친지가 단수로 사용되었을지라도 **소유형용사 loro 앞에는 항상 관사를 사용**합니다.

예 il loro padre 그들의 아버지,

la loro madre 그들의 어머니,

il loro fratello 그들의 남동생(또는 형),

la loro sorella 그들의 여동생(또는 누나)

2) 지시형용사(Aggettivi dimostrativi)

'지시형용사'는 가까이 또는 먼 곳에 있는 사람 또는 사물을 지시하는데 사용되는 형용사입니다. 명사를 수식하므로 반드시 '명사의 성수와 일치'해야 합니다. 지시형용사는 이미 지시하는 사물을 한정하기 때문에 지시형용사 앞에서는 절대로 관사를 사용하지 않습니다.

대표적인 '지시형용사'의 종류는 다음과 같습니다.

a) **Questo** : 말하는 사람과 듣는 사람에게서 가까이에 있는
사람 또는 사물을 지시합니다. 형태는 성과 수에 따라 다음
과 같습니다.

	단수(s.)	복수(pl.)
남성 (m.)	questo libro 이 책 questo momento 이 순간	questi libri 이 책들 questi momenti 이 순간들
여성(f.)	questa casa 이 집 questa ragazza 이 소녀	queste case 이 집들 queste ragazze 이 소녀들

b) **Quello** : 말하는 사람과 듣는 사람에게서 멀리 있는 사람
또는 사물을 지시합니다. 형태는 성과 수에 따라 다음과 같
습니다. Quello의 형태는 bello의 경우와 마찬가지로 '정관
사' 의 규칙을 따릅니다.

	단수(s.)	복수(pl.)
남성 (m.)	quel libro 저 책 quel signore 저 신사	quei libri 저 책들 quei signori 저 신사들
	quello spazio 저 공간	quegli spazi 저 공간들
여성(f.)	quella ragazza 저 소녀 quella signora 저 부인	quelle ragazze 저 소녀들 quelle signore 저 부인들

c) **Codesto** : 말하는 사람에게서는 멀지만, 듣는 사람에게서
가까운 사람 또는 사물을 지시합니다. 주로 피렌체를 중심
으로 토스카나 지역에서 사용되는 지시형용사입니다. 형태
는 성과 수에 따라 다음과 같습니다.

	단수(s.)	복수(pl.)
남성 (m.)	codesto libro 그 책 codesto piatto 그 접시	codesti libri 그 책들 codesti piatti 그 접시들
여성(f.)	codesta borsetta 그 핸드백 codesta pentola 그 프라이팬	codeste borsette 그 핸드백들 codeste pentole 그 프라이팬들

3) 부정형용사(Aggettivi indefiniti)

'부정 형용사'는 명확하게 정해지지 않은 사람·사물 및 수량을 지시하는 형용사입니다. 명사를 수식하므로 반드시 명사의 성수와 일치해야 합니다.

대표적인 부정 형용사의 종류는 다음과 같습니다.

a) Ogni(모든), qualche(몇몇의), qualsiasi(어떠한)의 경우는 부정 형용사로만 사용되며, 성수에 관계없이 '형태가 변하지 않으며', 의미는 복수이지만 **반드시 '단수 명사'만을 동반**합니다.

ogni	uom**o** 모든 인간 ser**a** 매일 저녁
qualche	libr**o** 책 몇 권 penn**a** 펜 몇 개
qualsiasi	consigli**o** 어떠한 충고 prov**a** 어떠한 증거

b) Alcuno(몇몇의), nessuno(아무것도 없는, 아무도 없는)의 경우는 성수에 따라 변화합니다. 단수형의 경우는 '부정관사'의 규칙을 따릅니다. un은 자음 또는 모음으로 시작되는 남성 단수명사 앞에서, uno는 s+자음, z, gn 등으로 시작되는 남성 단수명사 앞에서 사용하며, una는 여성 단수명사 앞에서 사용합니다. → 3.2. 부정관사 참고.)

	단수(s.)	복수(pl.)
남성(m.)	**alcun** giorno 며칠 **alcun** amico 몇몇 친구 **alcuno** scopo 몇몇 목적	**alcuni** giorni 며칠 **alcuni** amici 몇몇 친구 **alcuni** scopi 몇몇 목적
여성(f.)	**alcuna** ragazza 몇몇 소녀	**alcune** ragazze 몇몇 소녀

🔵* Alcuno(몇몇의)가 부정문에 사용될 경우는 nessuno(아무것도 없는)의 의미를 갖습니다.

Non ho **alcun** timore ad esprimere le mie idee.

나는 내 생각을 표현하는데 아무런 두려움도 없다.

c) Certo(어떤), diverso(여러) 역시 수식하는 명사의 성수에 따라 형태가 변합니다.

	단수(s.)	복수(pl.)
남성(m.)	**certo** argomento 몇 가지 안건	**certi** argomenti 몇 가지 안건들
여성(f.)	**certa** notizia 몇 가지 소식	**certe** notizie 몇 가지 소식들

	단수(s.)	복수(pl.)
남성(m.)	**diverso** lavoro 많은 직업 **diverso** colore 많은 색깔	**diversi** lavori 많은 직업 **diversi** colori 많은 색깔
여성(f.)	**diversa** libreria 많은 서점 **diversa** misura 많은 사이즈	**diverse** librerie 많은 서점 **diverse** misure 많은 사이즈

d) Molto, poco, tanto 역시 수식하는 명사의 성수에 따라 형태가 변하며, 최상급 형태를 가질 수 있습니다.

	단수(s.)	복수(pl.)
남성(m.)	**molto** denaro 많은 돈	**molti** denari 많은 돈
여성(f.)	**molta** paura 많은 걱정	**molte** paure 많은 걱정

	단수(s.)	복수(pl.)
남성(m.)	**poco** zucchero 적은 설탕	**pochi** zuccheri 적은 설탕
여성(f.)	**poca** esperienza 적은 경험	**poche** esperienze 적은 경험

	단수(s.)	복수(pl.)
남성	**tanto** rumore 많은 소음	**tanti** rumori 많은 소음
여성	**tanta** speranza 많은 희망	**tante** speranze 많은 희망

4) 수(數)형용사(Aggettivi numerali)

이번에는 이탈리아어 숫자를 공부하겠습니다. 현재 사용하고
있는 수는 일반적으로 크게 4가지, 즉, 아라비아 숫자(1, 2,
3…), 기수(uno, due, tre…), 서수(primo, secondo,
terzo…), 로마 수(Ⅰ, Ⅱ, Ⅲ…)로 구분합니다.

자, 1부터 10까지 기수(基數)부터 알아봅시다.

기수(i numeri cardinali)

1 uno, 2 due, 3 tre, 4 quattro, 5 cinque, 6 sei, 7 sette,
8 otto, 9 nove, 10 dieci.

다음은 11부터 20까지입니다. 11에서 19까지를 잘 살펴보시면
11에서 16까지는 1 [uno]＋10 [dieci]＝11 [undici], 2 [due]＋
10 [dieci]＝12 [dodici] 등과 같은 방식으로 이루어져 있으나,
17부터 19까지는 10 [dieci]＋7 [sette]＝17 [diciassette]와 같
은 방식으로 되어 있다는 것을 알 수 있습니다.
11 undici, 12 dodici, 13 tredici, 14 quattordici,
15 quindici, 16 sedici, 17 diciassette, 18 diciotto,
19 diciannove, 20 venti.

다음 21부터는 21 ventuno(＝20＋1), 22 ventidue(＝20＋
2), 23 ventitre(＝20＋3) 등으로 20 venti에 1 uno, 2 due, 3
tre…처럼 1～9까지를 붙여주면 됩니다. 이 이후의 숫자도 일정
한 규칙이 있어서 매우 쉽습니다. 29는 ventinove, 30은 trenta
입니다. 자, 31부터 100까지 알아보겠습니다.
31 trentuno, 32 trentadue, 33 trentatre… 40 quaranta,
41 quarantuno…, 50 cinquanta, 60 sessanta,
70 settanta, 80 ottanta, 90 novanta, 100 cento.

＊ 101 cent**ou**no부터는 모음 축약을 하지 않습니다(201 duecent**ou**no, 301 trecent**ou**no..).

200부터는 2 due×100 cento＝200 duecento, 3 tre×100 cento＝300 trecento와 같은 방식입니다. 300부터 900까지도 동일합니다.

200 duecento, 300 trecento, 400 quattrocento,

500 cinquecento, 600 seicento, 700 settecento,

800 ottocento, 900 novecento.

1.000은 mille이며 mille의 복수형은 mila입니다. 2.000부터는 2 X 1000과 같은 방식입니다. 2.000 duemila, 3.000 tremila ..... 9.000 novemila. 10.000 diecimila, 20.000 ventimila... 90.000 novantamila, 100.000 centomila, 200.000 duecentomila.... 900.000 novecentomila...

＊ 이탈리아에서는 소수점 아래에만 " , "를 사용합니다.

백만은 1.000.000 un milione 입니다. 2백만부터는 2× 1.000.000＝2.000.000(due milioni), 3×1.000.000＝ 3.000.000과 같은 방식입니다. 10억은 un miliardo, 20억은 due miliardi 등의 방식으로 계속됩니다.

보통 우리말로 '첫 번째, 두 번째…'에 해당하는 서수(序數)를 알아보겠습니다.

서수(i numeri ordinali)

서수의 경우는 뒤에 오는 **명사의 성수에 따라 형태를 일치시켜야** 하며, 서수 앞에는 '정관사'를 사용한다는 점입니다.

il prim**o** pian**o** 일 층 → i prim**i** pian**i**

la prim**a** donn**a** 첫 여자(여주인공) → **le** prim**e** donn**e**

먼저 첫 번째에서 열 번째까지입니다.

1° primo, 2° secondo, 3° terzo, 4° quarto, 5° quinto,

6° sesto, 7° settimo, 8° ottavo, 9° nono, 10° decimo.

계속 이어서 서수 11에서부터 20까지 말해봅시다.

11° undicesimo, 12° dodicesimo, 13° tredicesimo,

14° quattordicesimo, 15° quindicesimo, 16° sedicesimo,

17° diciassettesimo, 18° diciottesimo,

19° diciannovesimo, 20° ventesimo.

위에서 보았듯이 11이상의 서수의 경우는 기수의 마지막 모음을 제거한 후에 -esimo를 붙여서 만드는 방식입니다. 단, -tre, -sei로 끝나는 숫자의 경우는 마지막 모음을 제거하지 않고 -esimo를 붙입니다. (**예** 33° trentatr**ee**s i m o, 56° cinquantas**ie**s i m o 등.)

> **●＊** 서수의 여성 단수 형태는 prima, seconda 등과 같이 표기하며, 아라비아 숫자로 표기할 경우에는 1ᵃ, 2ᵃ... 와 같이 표기합니다.
>
> **예** 1ᵃ prima, 2ᵃ seconda, 3ᵃ terza, 4ᵃ quarta… 20ᵃ ventesima… 100ᵃ centesima…

다음은 간단한 숫자 계산법과 분수에 대해 알아보겠습니다.

계산법과 분수

◯ 덧셈(addizione) : 6+10=16

Sei più dieci fa (è uguale a) sedici.

◌ 뺄셈(sottrazione) : 40−22=18

> Quaranta meno ventidue fa (è uguale a) diciotto.

◌ 곱셈(moltiplicazione) : 4×5=20

> Quattro per cinque fa (è uguale a) venti.

◌ 나눗셈(divisione) : 10÷5=2

> Dieci diviso cinque fa (è uguale a) due.

분수를 표시할 때는 분자는 기수로, 분모는 서수로 표시합니다.
1/4 un quarto, 2/5 due quinti, 4/10 quattro decimi

5) 의문 형용사(Aggettivi interrogativi)

의문형용사에는 quale(어떤), quanto(얼마나), che(무엇che cosa, cosa) 등이 있으며, quale와 quanto는 뒤에 오는 명사의 성수에 따라 형태가 변하며(quale, quali, quanto, quanti, quanta, quante), che는 형태가 변하지 않습니다.

Quale는 2개 또는 3개 중에 선택을 할 때 사용합니다.
Quale vestito indosserai domani? 너는 내일 어떤 옷을 입을 거니?

Quanto는 수량, 가격 등을 질문할 때 주로 사용합니다.
Quanto tempo occorre per finire il lavoro?
일을 끝내기 위해서는 시간이 얼마나 걸리지?

Che(=che cosa, cosa)는 주로 사물, 또는 사건에 대해 질문할 때 사용합니다.
Che libro hai in mano? 너는 손에 어떤 책을 가지고 있니?

6) 감탄형용사(Aggettivi esclamativi)

감탄형용사는 주로 quanto, che 등을 사용하여 감탄을 표현

합니다. 다른 형용사들과 마찬가지로 반드시 감탄형용사 뒤에
는 명사가 오며, 문장의 끝에는 느낌표(!)를 찍습니다.

Quanto tempo ci metti! 시간이 너무 걸려!

Che pazienza! 참아야지!

**다음 괄호 안에 알맞은 한정 형용사를 넣고 복수 형태로 바꾸
시오.**

> a) (나의) libro ➡
> b) (나의) penna ➡
> c) (그 남자의) casa ➡
> d) (그 여자의) gatto ➡
> e) (나의) fratello ➡

a) il mio ➡ i miei libri
b) la mia ➡ le mie penne
c) la sua ➡ le sue case
d) il suo ➡ i suoi gatti
e) mio ➡ i miei fratelli

8.3. 형용사의 비교급(Gradi dell'aggettivo)

비교급에는 '원급', '비교급', '최상급'이 있습니다. '비교급'
은 다시 '우등비교'(~보다 더), '열등비교'(~보다 덜), '동등
비교'(~만큼)로 구분되고, '최상급'은 '상대적 최상급'(~중에
서 최고)과 '절대적 최상급'(절대적으로 최고)으로 구분됩니다.
다음 예문을 잘 살펴봅시다.

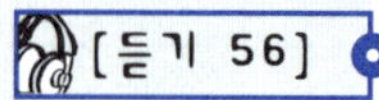

원급	원급	Paolo è simpatico. 빠올로는 마음씨가 좋다.

비교급	우등 비교	Paolo è **più** simpatico **di** Mario. 빠올로는 마리오**보다** 마음씨가 **더** 좋다.
	열등 비교	Mario è **meno** simpatico **di** Paolo. 마리오는 빠올로**보다** 마음씨가 **덜** 좋다.
	동등 비교	Paolo è (**così**) simpatico **come** Roberto. 빠올로는 로베르또**만큼** 마음씨가 좋다.
최상급	상대적 최상급	Paolo è **il più simpatico** della sua classe. 빠올로는 그의 학급에서 마음씨가 제일 좋다.
	절대적 최상급	Alberto è **simpaticissimo**. 알베르또는 최고로 마음씨가 좋다.

위의 예문에서 più ~ di, meno ~ di, (così) ~ come, il più simpatico ~, simpaticissimo의 형태가 비교급 및 최상급의 형태입니다. 자, 하나씩 자세히 살펴봅시다.

비교급

1) 우등 비교(~보다 더)

'우등비교'와 '열등비교'를 사용해야 하는데 있어서 주의할 사항은 전치사 di 대신에 che를 사용해야 할 경우가 있습니다. 그러므로 전치사 di 또는 'di+관사'의 형태인 전치사관사를 사용해야 하는 경우와 반드시 'che'를 사용해야 하는 경우를 학습해보겠습니다. 해석은 문장의 뒤에서 부터 합니다.

'di'를 사용하는 경우

먼저 전치사 'di' 또는 'di+정관사'를 사용해야 하는 경우입니다.

① 전치사 di: **비교 대상이 둘이고, 형용사가 한 개**일 때.

Paolo è più simpatico **di** Mario.

Paolo는 Mario**보다** 마음씨가 **더** 좋다.

비교대상: Paolo와 Mario.

형용사: simpatico.

② di＋관사(＝전치사관사) : **비교 대상이 둘이고, 형용사가 한 개**일 때이나, 뒤에 나오는 비교대상에 반드시 '정관사'가 요구될 때.

Il sole è più grande **della** terra. 태양은 지구보다 더 크다.

비교대상: il sole와 la terra.

형용사: grande. '지구 la terra'는 단 하나 밖에 없으므로 반드시 정관사가 필요.

'che' 를 사용하는 경우

다음은 전치사 di 또는 'di＋정관사' 대신에 che를 사용해야 하는 경우입니다.

① 하나의 주어에 형용사가 두 개 나올 때.

Mario è più *intelligente* **che** *bello*.

Mario는 멋있기보다 더 똑똑하다.

주어: Mario.　　　형용사: intelligente와 bello

② 두 개의 명사를 비교할 때.

Dipingo più *paesaggi* **che** *figure*.

나는 인물보다는 풍경을 더 그린다.

명사: paesaggi와 figure

③ 두 개의 동사를 비교할 때.

È più facile *parlare* **che** *fare*.

행동하기 보다는 말하는 것이 더 쉽다.

동사: parlare와 fare

④ 전치사가 올 때.

Lavoro più per piacere **che** *per necessità*.

나는 필요성에 의해서보다 좋아서 일을 한다.

전치사: per

2) 열등 비교(~보다 덜)

'열등비교'의 경우 전치사 di 또는 'di+관사'의 형태인 전치사관사를 사용해야 하느냐, che를 사용해야 하느냐는 우등비교의 경우와 동일합니다. 단, più 대신에 **meno**를 사용합니다.

① Mario è **meno** simpatico **di** Paolo.

Mario는 Paolo**보다** 마음씨가 **덜** 좋다.

비교대상: Paolo와 Mario. 형용사 : simpatico.

② La luna è **meno** grande **del** sole. 달은 태양보다 덜 크다.

비교대상:la luna와 il sole

형용사: grande. '태양 il sole'는 단 하나 밖에 없으므로 반드시 정관사가 필요.

③ Mario è meno *bello* **che** *intelligente*.

Mario는 똑똑하기 보다 덜 멋있다.

3) 동등 비교(~만큼)

동등비교는 '**(così)**+**형용사**+**come**' 또는 '**(tanto)**+**형용사**+**quanto**'와 같은 표현을 사용합니다. 이 경우에는 così와 tanto를 생략할 수 있습니다.

① Paolo è (**così**) simpatico **come** Roberto.

Paolo는 Roberto **만큼** 마음씨가 좋다.

② Paolo è (**tanto**) simpatico **quanto** Roberto.

Paolo는 Roberto **만큼** 마음씨가 좋다.

최상급

최상급에는 다른 사물 또는 사람과 비교를 해서 상대적으로 최고를 의미하는 '상대적 최상급'과, 다른 사람 또는 사물과 비교를 하지 않고 절대적으로 최고라는 '절대적 최상급' 형태가 있습니다.

1) 상대적 최상급(~중에서 최고)

'상대적 최상급'의 형태는 '**정관사＋più＋형용사**' 또는 '**정관사＋명사＋più＋형용사**' 입니다.

① Paolo è **il più simpatico** della sua classe.

Paolo는 그의 학급에서 마음씨가 제일 좋다.

② Febbraio è **il mese più corto** dell'anno.

2월은 일 년 중에서 가장 짧은 달이다.

2) 절대적 최상급(무조건 최고)

'설대적 최상급'의 형태는 **형용사의 마지막 모음을 제거**하고 주어가 남성의 경우는 '**-issimo**' 여성의 경우는 '**-issima**'를 붙이면 됩니다. 또는 '**molto(tanto 매우)＋형용사 기본형**' 등의 부사를 사용하여 표현할 수 도 있습니다. 'molto(tanto)'는 '부사' 이기 때문에 형태가 변하지 않습니다.

① Albert**o** è **simpaticissimo**.

Alberto는 **최고로** 마음씨가 좋다.

Albert**o** è **molto** simpatic**o**.

② Ann**a** è **simpaticissima**. Anna는 **최고로** 마음씨가 좋다.

Ann**a** è **molto** simpatic**a**.

🔘✱ 다음은 특수한 형태의 비교급 및 최상급 형태를 갖는 형용사입니다.

원급	비교급	최상급
buono (좋은)	migliore (더 좋은)	ottimo (최고로 좋은)
cattivo (나쁜)	peggiore (더 나쁜)	pessimo (최고로 나쁜)
grande (큰)	maggiore (더 큰)	massimo (최대의)
piccolo (작은)	minore (더 작은)	minimo (최소의)

다음 괄호 안에 'di' 또는 'di+전치사관사' 또는 'che'를 넣고, 우리말로 해석하시오.

a) Paolo è più alto (　　　　) Carlo.
b) La terra è meno grande (　　　　) sole.
c) Mario è più simpatico (　　　　) intelligente.
d) Roberta è così bella (　　　　) Anna.
e) È più facile parlare (　　　　) fare.

정답 ▶ a) di. Paolo는 Carlo보다 더 크다.

b) del. 지구는 태양보다 더 작다. (태양은 유일한 것이므로 정
관사를 반드시 사용)

c) che. Mario는 똑똑하기 보다는 마음씨가 더 좋다.

d) come. Roberta는 Anna 만큼 예쁘다.

e) che. 행동하기 보다는 말하는 것이 더 쉽다.

🔘✱ 시간 표현

A : Che ora è? (또는 Che ore sono?) 몇 시입니까?

B : È l'una. 1시입니다.

È mezzogiorno(mezzanotte). 정오(자정)입니다.

Sono le due e venti. 2시 20분입니다.

Sono le cinque e mezzo(a). 5시 반입니다.

● ＊ '1시~1시 59분까지' 그리고 '정오' 와 '자정' 은 **단수**로 취급하여 항상 essere 동사의 직설법 현재 3인칭 단수 형태(**È**)를 사용합니다. 2시 이후부터는 복수로 취급하여 항상 essere 동사의 직설법 현재 3인칭 복수 형태(**Sono**)를 사용합니다.

힘이 굉장하군!

한 아이가 말했다

"우리 아빠는 한 손으로 지나가는 자동차를 멈추게 할 수 있어".

다른 아이가 말했다.

"정말이야! **Il tuo papà** è molto forte! (네 아빠는 힘이 굉장하구나)!

다시 처음에 말한 아이가 말했다.

"그렇진 않아. 하지만 우리 아버지는 교통순경이거든!

● ＊ '아빠' 라는 뜻의 papà는 마지막 a에 액센트가 있습니다. 처음 a에 있으면 '교황' 이라는 뜻입니다. '아빠' 라는 뜻의 papà는 '아버지' 를 의미하는 'padre' 의 애칭이므로 소유형용사 앞에 '정관사가 사용' 됩니다. 만일에 padre를 사용했다면 소유형용사 앞에 정관사 없이 tuo padre라고 해야겠지요(➜ 8.2.1. 소유형용사 참고).

제 9 과

대명사
(Pronomi)

 [듣기 57]

Presentazione 소개

Mario : Ciao, Anna. **Ti** presento i miei amici.

안녕, Anna, 네게 내 친구들을 소개할께.

Questo è Paolo e **quella** è Roberta.

이 친구는 Paolo고, 저 친구는 Roberta야.

Anna : Molto piacere, Sono Anna.

만나서 대단히 반가워. 난 Anna야.

위의 대화문에서 **Ti, Questo, Quella**가 명사를 대신하는 대명사입니다. 대명사(代名詞)는 말 그대로 명사(名詞)를 대신(代)하는 품사입니다. 명사 이외에도 형용사, 동사, 문장 전체를 대신할 수 있습니다. 일반적으로 대명사는 그 의미에 따라서 7가지('나', '너' 등, 자신의 이름을 대신하는 '**인칭대명사**', '나의 것', '너의 것' 등, 소유를 나타내는 '**소유대명사**', '이것', '저 것' 등을 지시하는 '**지시대명사**', '부정확한 수량'을 지시하는 '**부정대명사**', '두 문장을 이어주면서 동시에 앞에 나온 명사를 대신' 하는 '**관계대명사**', '질문' 할 때 사용하는 '**의문대명사**', '감탄' 할 때 사용하는 '**감탄대명사**')로 구분합니다. 이 중에서 소 유대명사는 소유형용사와, 지시대명사는 지시형용사와, 부정대 명사는 부정형용사와 그 형태가 일치하며, 몇몇의 의문대명사는 의문형용사와 감탄대명사는 감탄형용사와 형태가 일치합니다.

자, 그럼, 인칭 대명사부터 자세히 살펴보도록 하겠습니다.

9.1. 인칭대명사(Pronomi personali)

자신의 이름을 대신하는 인칭대명사는 주어역할을 하는 '주격 인칭대명사'와 목적어의 역할을 하는 '목적격 인칭대명사', 동 사의 재귀형태를 만들기 위해 사용하는 '재귀 인칭대명사'가 있 습니다.

주격 인칭 대명사

주격 인칭대명사는 우리가 이미 알고 있는 내용입니다. 주격 인칭대명사는 말하는 사람을 지시하는 '1인칭 주격대명사', 듣 는 사람을 지시하는 '2인칭 주격대명사', 말하는 사람도 듣는 사람도 아닌 제 3자를 지시하는 '3인칭 주격대명사'로 분류하 며, 수(數)에 따라 다음과 같이 단수와 복수 형태로 구분합니다.

	단 수	복 수
1인칭	io (나)	noi (우리들)
2인칭	tu (너)	voi (너희들, 당신들)
3인칭	lui, egli (그 남자) lei, ella (그 여자), Lei (당신)	loro, essi (그 남자들) loro, esse (그 여자들)

⬤ 3인칭 주격 인칭대명사인 egli, ella, essi, esse는 주로 글을 쓸 때 사용하는 '문어체' 에서 사용되며, lui, lei, loro는 대화를 할 때 사용하는 **'구어체'** 에서 **사용**됩니다.

앞서 언급했듯이 이탈리아어에서는 주어에 따라 동사의 형태가 모두 변하기 때문에 거의 대부분 주어를 생략합니다.

(Io) Sono tuo marito. **나는** 너의 남편이다.

(Tu) Sei mia moglie. **너는** 나의 아내이다.

(Egli) È suo marito. **그 남자는** 그녀의 남편이다.

(Essa) È sua moglie. **그 여자는** 그 남자의 아내이다.

⬤ 제 6과에서 이미 설명했듯이 3인칭 주격대명사 중에서 당신에 해당하는 Lei는 L자를 항상 대문자로 표기해야하며, 동사는 3인칭 단수에 해당하는 형태를 사용해야 합니다.

다음은 '나를, 너를…', '나에게, 너에게…' 를 나타내는 '목적격 인칭 대명사' 를 살펴보도록 하겠습니다.

목적격 인칭 대명사

목적격 인칭 대명사에는 '나를, 너를…' 등 사람을 지시하는 **'직접 목적 인칭대명사'** 와, '나에게, 너에게…' 등을 나타내는 **'간접 목적 인칭대명사'** 가 있습니다. 먼저 '직접 목적 인칭대명사' 를 살펴보겠습니다.

1) 직접 목적 인칭대명사

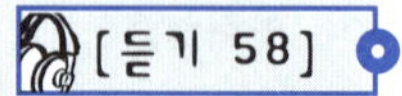

Conosci Carlo Rossi? 너는 까를로 롯시를 아니?

Mario : Anna, conosci Carlo Rossi?

　　　　안나, 너는 까를로 롯시를 아니?

Anna : Sì, **lo** conosco benissimo.

　　　　응, 나는 그를 매우 잘 알아.

Mario : E conosci anche sua moglie?

　　　　또한 그의 아내도 아니?

Anna : Sì, **la** conosco anche.

　　　　응, 나는 그녀도 알아

Mario : Conosci anche i loro bambini?

　　　　그들의 아이들도 아니?

Anna : No, non **li** conosco.

　　　　아니, 나는 그들을 몰라.

위의 대화문에서 굵은체로 표시된 **lo**(그를), **la**(그녀를), **li**(그들을)는 앞에 나온 사람을 직접 받기 때문에 '직접 목적 인칭대명사'라고 합니다. 직접 목적 인칭대명사 형태에는 동사의 앞에 사용되는 '약형'과 동사 뒤에 사용되는 '강형'이 있습니다. 일반적으로 '약형'을 더 많이 사용합니다. '~을/를'로 해석합니다.

먼저 일반적으로 많이 사용되는 직접 목적 인칭대명사 '약형'의 형태를 보겠습니다. 중요한 점은 '약형'의 위치가 '동사 앞'이라는 것입니다.

직접 목적 인칭대명사 약형

Anna		chiama.	
	mi (나를)		Anna는 나를 부른다.
	ti (너를)		Anna는 너를 부른다.
	lo (그 남자를)		Anna는 그 남자를 부른다.
	la (그 여자를)		Anna는 그 여자를 부른다.
	La (당신을)		Anna는 당신을 부른다.
	ci (우리들을)		Anna는 우리를 부른다.
	vi (너희들을, 당신들을)		Anna는 너희들(당신들)을 부른다.
	li (그 남자들을)		Anna는 그 남자들을 부른다.
	le (그 여자들을)		Anna는 그 여자들을 부른다.

위에 제시한 직접 목적 인칭대명사 중에서 **lo, la li, le**는 '사물'을 대신 받는 '**직접 목적 대명사**'로 사용됩니다. 이 경우에는 사람이 아니라 '사물'을 받기 때문에 '직접 목적 인칭대명사'라고 하지 않고 '직접 목적 대명사'라고 합니다. **lo**는 앞에 나온 '**남성 단수**'를, **la**는 앞에 나온 '**여성 단수**'를, **li**는 앞에 나온 '**남성 복수**'를, **le**는 앞에 나온 '**여성 복수**'를 받습니다. 아래의 예문을 살펴보면 이해가 잘 되실 것입니다.

a) Conosci **questo posto**? Sì, **lo** conosco.

너는 이 장소를 아니?　　　　응, 나는 그곳을 알아.

b) Conosci **questa strada**? Sì, **la** conosco.

너는 이 길을 아니?　　　　응, 나는 그것을 알아.

c) Conosci **questi posti**? Sì, **li** conosco.

너는 이 장소들을 아니?　　응, 나는 그곳들을 알아.

d) Conosci **queste strade**? Sì, **le** conosco.

너는 이 길들을 아니?　　　　응, 나는 그것들을 알아.

위의 예문을 보시면, questo posto가 '남성 단수' 이므로 **lo**, questa strada는 '여성 단수' 이므로 **la**, questi posti가 '남성 복수' 이므로 **li**, queste strade는 '여성 복수' 이므로 **le**로 대신 받는 다는 것을 알 수 있습니다.

다음은 직접 목적 인칭대명사 '강형' 의 형태를 보겠습니다. '약형' 의 위치와는 달리 '강형' 의 위치는 '**동사 뒤**' 에 위치합니다:

직접 목적 인칭대명사 강형

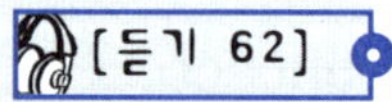

Anna	chiama	**me**. (나를)	안나는 나를 부른다.
		te. (너를)	안나는 너를 부른다.
		lui. (그 남자를)	안나는 그 남자를 부른다.
		lei. (그 여자를)	안나는 그 여자를 부른다.
		Lei. (당신을)	안나는 당신을 부른다.
		noi. (우리들을)	안나는 우리를 부른다.
		voi. (너희들을, 당신들을)	안나는 너희들(당신들)을 부른다.
		loro. (그들을)	안나는 그들을 부른다.

'당신을' 이라고 할 경우에는 반드시 'Lei' 의 'L' 자를 '대문자' 로 표기해야 합니다.

2) 간접 목적 인칭대명사

L'invito. 초대

Roberto : Anna, questo sabato il signor Fabio vuole invitarci a cena.
안나, 이번 토요일에 Fabio씨가 우리를 저녁식사에 초대하고 싶어 해.

Hai tempo libero per questo sabato?

이번 토요일에 시간 있니?

Anna : Sì, ho tempo libero. Ma, a che ora dobbiamo andarci?

응, 시간 있어. 그런데 몇 시에 우리가 그 곳에 가야만하지?

Roberto : Alle sette. 일곱 시에.

Anna : Va bene! Che cosa **gli** possiamo portare? 좋아. 그에게 무엇을 가져갈까?

Roberto : **Gli** portiamo un vino rosso buono e un mazzo di fiori per sua moglie. **Gli** piace il vino rosso e **le** piacciono i fiori.

그에게는 좋은 적포도주를 그리고 그의 아내에게는 꽃 한 다발을 가져가자. 그는 적포도주를 좋아하고, 그녀는 꽃을 좋아해.

Anna : D'accordo! **Mi** sembra una bellissima idea.

찬성한다. 내가 보기에 아주 좋은 생각이야.

위의 대화문에서 굵은체로 표시한 gli(그에게), le(그녀에게), mi(나에게)가 '간접 목적 인칭대명사' 입니다. '간접 목적 인칭대명사' 형태에는 직접 목적 인칭대명사와 마찬가지로 '약형' 과 '강형' 이 있으며, 일반적으로 '약형' 을 더 많이 사용합니다. '~에게' 로 해석합니다. 먼저 '약형' 의 형태를 보겠습니다. 중요한 점은 '약형' 의 위치가 직접 목적 인칭대명사와 마찬가지로 '동사 앞' 이라는 것입니다.

간접 목적 인칭대명사 약형

Maria	mi (나에게)		Maria는 **나에게** 커피를 제공한다.
	ti (너에게)		Maria는 **너에게** 커피를 제공한다.
	gli (그 남자에게)		Maria는 **그 남자에게** 커피를 제공한다.
	le (그 여자에게)		Maria는 **그 여자에게** 커피를 제공한다.
	Le (당신에게)	offre un caffè.	Maria는 **당신에게** 커피를 제공한다.
	ci (우리들에게)		Maria는 **우리들에게** 커피를 제공한다.
	vi (너희들에게, 당신들에게)		Maria는 **너희들(당신들)에게** 커피를 제공한다.
	gli (그들에게)		Maria는 **그들에게** 커피를 제공한다. =Maria offre **loro** un caffè.

✱ '당신에게' 라고 할 경우에는 반드시 'Le' 의 'L' 자를 '대문자' 로 표기해야 합니다.

다음은 간접 목적 인칭대명사 '강형' 의 형태를 보겠습니다. 강형은 **'동사 뒤'** 에 위치합니다.

간접 목적 인칭대명사 강형

Maria		a me.(나에게)	Maria는 **나에게** 커피를 제공한다.
		a te.(너에게)	Maria는 **너에게** 커피를 제공한다.
		a lui.(그 남자에게)	Maria는 그 **남자에게** 커피를 제공한다.
	offre un caffè	a lei.(그 여자에게)	Maria는 **그녀에게** 커피를 제공한다.
		a Lei.(당신에게)	Maria는 **당신에게** 커피를 제공한다.
		a noi.(우리들에게)	Maria는 **우리들에게** 커피를 제공한다.
		a voi.(너희들에게, 당신들에게)	Maria는 **너희들(당신들)에게** 커피를 제공한다.
		a loro.(그들에게)	Maria는 **그들에게** 커피를 제공한다.

'재귀 인칭대명사'는 주어가 행한 행동이 다시 주어에게 돌아올 때 사용되는 대명사입니다.

예를 들어 'Lavare'라는 동사는 '~을 닦다'라는 타동사인데, 이 동사를 사용해서 '나는 내 차를 닦는다.'라는 문장을 만들어 보면 다음과 같습니다.

(Io) Lavo la mia macchina. 나는 내 차를 닦는다.

그러나 '나는 나를 닦는다.'라는 문장을 만들면 다음과 같습니다.

(Io) **Mi** lavo. **나는 나를** 닦는다.

이 경우에는 'mi'라는 대명사가 사용되는데 이와 같은 대명사를 '재귀 인칭대명사'라고 합니다. 즉, '재귀 인칭대명사'는 주어가 행한 행동이 다시 주어에게 돌아올 때 사용되는 대명사입니다. '재귀 인칭대명사'의 위치는 '**동사 앞**'에 위치합니다. [듣기 65]와 [듣기 66]을 보시면서 '재귀 인칭대명사'를 익혀보시기 바랍니다.

(Io) **Mi** lavo.　나는 나를 닦는다.

(내가 한 행동이 나에게 돌아옴)

(Tu) **Ti** lavi.　너는 너를 닦는다.

(네가 한 행동이 너에게 돌아옴…)

(Lui, Lei) **Si** lava.　그(그녀, 당신)는 그(그녀, 당신)를 닦는다.

(Noi) **Ci** laviamo.　우리는 우리를 닦는다.

(Voi) **Vi** lavate.　너희들은 너희들을 닦는다.

(Loro) **Si** lavano.　그들은 그들을 닦는다.

다음 [듣기 66]과 같이 주어가 행한 행동이 주어의 신체 일부에 되돌아 올 경우에도 재귀대명사를 사용합니다. 이 경우 신체 부위에 관계된 명사들에는 소유형용사를 사용하지 않습니다.

Mi lavo le mani.　나는 나의 손을 닦는다.

Ti lavi le mani.　너는 너의 손을 닦는다.

Si lava le mani.　그는 그의(그녀의) 손을 닦는다.

Si lava le mani.　당신은 당신의 손을 닦는다.

Ci laviamo le mani.　우리는 우리의 손을 닦는다.

Vi lavate le mani.　너희들은 너희들의 손을 닦는다.

Si lavano le mani.　그들은 그들의 손을 닦는다.

🔵 재귀 인칭대명사 중에서 '상호적인 것을 표현하는 재귀대명사' 가 있습니다. 이러한 재귀 대명사를 **'상호 재귀 인칭대명사'** 라고 합니다. '상호 재귀 인칭대명사' 의 형태는 **ci**(우리는 서로), **vi**(너희들은 서로), **si**(그들은 서로)가 있습니다. 즉, '상호 재귀 인칭대명사' 는 상호적인 것을 나타내기 때문에 **반드시 복수형태만 사용**합니다.

Incontro Mario.　나는 Mario를 만나다.

Mario mi incontra. Mario는 나를 만난다.

→ **Ci** incontriamo. 우리는 서로 만난다.

Incontri Massimo. 너는 Massimo를 만난다.

Massimo ti incontra. Massimo는 너를 만난다.

→ **Vi** incontrate. 너희들은 서로 만난다.

Roberto incontra Anna. Roberto는 안나를 만난다.

Anna incontra Roberto. Anna는 로베르토를 만난다.

→ **Si** incontrano. 그들은 서로 만난다.

재귀대명사의 위치

① Entro in camera mia per riposar**mi**.

　나는 휴식을 취하기 위해서 내 방으로 들어간다.

　위의 예문에서 알 수 있듯이 재귀 인칭대명사가 동사 원형과 같이 사용될 경우에는 **동사원형의 뒤에 위치**합니다. 동사원형 뒤에 올 경우에는 동사원형의 어미인 -are, -ere, -ire에서 'e'를 제거하고 재귀대명사를 첨부합니다.

　다음은 '조동사와 같이' 사용되는 경우 입니다.

② **Voglio** riposar**mi**. 나는 쉬고 싶다.

　Mi voglio riposare.

　이처럼 조동사와 같이 사용되는 경우는 '본동사 뒤' 또는 '조동사 앞'에 올 수 있습니다. 동사원형 뒤에 올 경우에는 동사원형의 어미인 -are, -ere, -ire에서 'e'를 제거하고 재귀대명사를 첨부합니다.

Ecco il programma di pulizia di Massimo.

여기 Massimo가 몸을 씻는 계획이 있습니다.

Lunedì: mi lavo i capelli. 월요일 : 나는 머리를 감는다.

Martedì: mi lavo la faccia. 화요일 : 나는 얼굴을 닦는다.

Mercoledì: mi lavo i denti. 수요일 : 나는 이를 닦는다.

Giovedì: mi lavo le orrecchie. 목요일 : 나는 귀를 닦는다.

Venerdì: mi lavo le mani. 금요일 : 나는 손을 닦는다.

Sabato: mi lavo i piedi. 토요일 : 나는 발을 닦는다.

Domenica: cambio l'acqua! 일요일 : 나는 물을 바꾼다!

9.2. 소유대명사(Pronomi possessivi)

'소유대명사'는 '내 것', '그의 것…' 등을 나타내는 품사입니다. 소유대명사의 형태는 소유형용사와 일치합니다. 단, 명사를 대신하는 품사이기 때문에 명사와 같이 사용되지 않고 **단독으로 사용**됩니다.

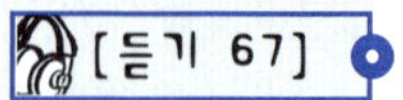
[듣기 67]

Il mio gatto è nero e il tuo è bianco.
   소유형용사   소유대명사

내 수고양이는 검은색이고, 네 것은 흰색이다.

복수형 ➡ I miei gatti sono neri e i tuoi sono bianchi.

Il mio gatto에서 mio는 남성 단수명사 gatto를 수식하므로 '소유형용사'이며, il tuo에서 tuo는 남성 단수명사 'gatto를 대신'하므로 '소유대명사'입니다.

La mia gatta è nera e la tua è bianca.
   소유형용사   소유대명사

내 암고양이는 검은색이고, 네 것은 흰색이다.

복수형 ➡ Le mie gatte sono nere e le tue sono bianche.

La mia gatta에서 mia는 여성 단수명사 gatta를 수식하므로 '소유형용사'이며, la tua에서 tua는 여성 단수명사 'gatta를 대신'하므로 '소유대명사'입니다.

위의 예문에서와 같이 소유대명사 형태는 반드시 대신하는 '명사의 성(性)·수(數)와 일치'해야 합니다.

9.3. 지시대명사(Pronomi dimostrativi)

'지시대명사'는 '이 사람', '이 사람들', '저 사람', '저 사람들', '이것', '이것들', '저것', '저것들' 등 사람 또는 사물을 지시하는 대명사입니다. '지시대명사'의 형태는 지시형용사와 동일하지만 **(단 지시대명사 quello의 복수형은 quelli만 사용. quel, quei는 사용 안함)**, 명사를 대신하는 품사이기 때문에 명사와 같이 사용되지 않고, **단독으로 사용**됩니다. 지시대명사의 형태도 반드시 대신하는 **'명사의 성(性)·수(數)와 일치'** 해야 합니다.

Questo(-a, -i, -e)는 가까이에 있는 사람 또는 사물을 대신해서 지시할 때 사용하며, quello(-a, -i, -e)는 먼 곳에 있는 사람 또는 사물을 대신해서 지시할 때 사용합니다. 특히 지시대명사는 사람을 소개할 때 많이 사용됩니다.

[듣기 68]

<u>Questo</u> è <u>mio</u> fratello e <u>quella</u> è <u>mia</u> sorella.
  지시대명사   소유형   지시대명사   소유형

이 사람은 내 남동생이고, 저 사람은 내 여동생이다.

복수형 ➡ Questi sono i miei fratelli e quelle sono le mie sorelle.

이 사람들은 내 남동생들이고, 저 사람들은 내 여동생들이다.

Questo è mio fratello에서 Questo는 명사를 수식하지 않고 단독으로 사용되었으므로 '지시대명사'이며, mio는 남성 단수인 fratello를 수식하므로 '소유형용사'입니다. 이 문장에서 중요한 점은 성수일치에 의하여 명사인 fratello가 **남성 단수**이므로 **지시대명사도 남성 단수** 형태(Questo), **소유형용사도 남성 단수** 형태(mio)로 일치하다는 점과 fratello는 가족 친지의 일원으로 단수형이기 때문에 정관사를 사용하지 않는다는 점입니다(단수형 : mio fratello ➡ 복수형 : **i** miei fratelli).

다음으로 quella è mia sorella의 경우를 살펴봅시다. quella는 명사를 수식하지 않고 단독으로 사용되었으므로 '지시대명사'이며, mia는 여성 단수인 sorella를 수식하므로 '소유형용사'입니다. 이 문장에서 중요한 점은 **성수일치**에 의하여 명사인 sorella가 **여성 단수**이므로 **지시대명사도 여성 단수** 형태(quella), **소유형용사도 여성 단수** 형태(mia)로 일치하다는 점과 sorella는 가족 친지의 일원으로 단수형이기 때문에 정관사를 사용하지 않는다는 점입니다(단수형 : mia sorella ➡ 복수형 : **le** mie sorelle).

복수형의 문장도 마찬가지로 **성수일치**가 확실하게 이루어져야 한다는 점을 생각하시면서 잘 살펴보시기 바랍니다.

상기의 예문에서와 같이 '사람의 성수'에 따라 주의를 기울여 지시대명사를 사용하여 친구를 소개해 보시기 바랍니다.

9.4. 부정대명사(Pronomi indefiniti)

부정(不定) 대명사는 명확하게 정해지지 않은 사람·사물 및 수량 등을 나타내는 대명사입니다.

부정대명사의 형태는 부정형용사와 동일한 형태와 부정대명사로만 사용되는 형태가 있습니다.

　부정형용사 형태와 동일한 부정대명사 : poco(-a, -i, -e), molto(-a, -i, -e), tanto(-a, -i, -e), troppo(-a, -i, -e), tutto(-a, -i, -e), nessuno(-a), alcuno(-a, -i, -e), ciascuno(-a), taluno(-a, -i, -e), altro(-a, -i, -e), diverso(-a, -i, -e), vario(-a, -i, -e), tale(-i), certo(-a, -i, -e) 등 입니다. 이러한 부정대명사는 명사를 대신하는 품사이기 때문에 명사와 같이 사용되지 않고, **단독으로 사용**됩니다. 부정대명사의 형태도 반드시 대신하는 **'명사의 성(性)·수(數)와 일치'** 해야 합니다.

　부정대명사로만 사용되는 단어는 다음과 같습니다.
① **uno**(-a): 신분이 정확하지 않은 '어떤 사람' 을 지시합니다.
　Uno è venuto per trovarti.　누군가 너를 찾으러 왔다.

② **ognuno**(-a): 한 그룹 내에 있는 각자를 의미합니다.
　Ognuno ha il suo lavoro.　각자는 자신의 일이 있다.

③ **qualcuno**(-a): 정확하지 않은 단 한 사람을 지시합니다.
　C'è **qualcuno**?　누구 있습니까?

④ **qualcosa**: 정해지지 않는 '무엇' 이라는 의미로 성수에 관계없이 형태가 변하지 않습니다.
　C'è **qualcosa** di strano.　무엇인가 이상한 것이 있다.

⑤ **chiunque**: '누구든지' 라는 의미를 지니며, 성수에 관계없이 형태가 변하지 않습니다.
　Chiunque deve stare zitto.　누구든지 조용히 해야 한다.

⑥ **niente**와 **nulla**: '아무것도' 라는 의미를 지니며, 동사 뒤에 위치할 경우에는 앞에 non이 필요하지만, 동사 앞에 위치할 경우에는 non이 필요하지 않습니다.

Non è cambiato **nulla**. =**Nulla** è cambiato.

아무것도 변하지 않았다.

9.5. 관계대명사(Pronomi relativi)

앞에 이미 나온 명사 또는 대명사를 받는 역할과 뒤따르는 절을 연결하는 접속사 역할을 동시에 하므로 '관계대명사' 라고 합니다.

대표적인 관계대명사로는 **che, cui, chi**가 있습니다.

관계대명사 Che

관계대명사 Che는 전치사를 동반하지 않고 단독으로 사용되며, 주어로서의 역할과 목적어로서의 역할을 합니다. 형태는 선행사에 관계없이 언제나 che입니다.

1) 주어로서의 역할

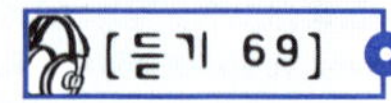 [듣기 69]

① Mario è **un ragazzo italiano**.

Mario는 이탈리아 소년이다.

② **Lui** abita a Milano. 그는 밀라노에 살고 있다.

①+② : Mario è un ragazzo italiano **che**(=lui) abita a Milano.

Mario는 이탈리아 소년인데 **그는** 밀라노에 살고 있다.

➡ Mario는 밀라노에 살고 있는 이탈리아 소년이다.

위 두 문장 ① 과 ②를 살펴보면 각각의 **'주어가 동일'** 합니다.

그러므로 관계대명사 che는 선행사 un ragazzo italiano를 받아 abita의 '주어' 구실을 합니다.

2) 목적어로서의 역할

① Mario è **un ragazzo italiano**. Mario는 이탈리아 소년이다.

② (Io) **Lo** incontro a Milano. 나는 그를 밀라노에서 만난다.

①+② : Mario è un ragazzo italiano **che** incontro a Milano.

　　　 Mario는 이탈리아 소년인데, 나는 **그를** 밀라노에서 만난다.

위의 예문에서 문장 ①과 문장 ②의 **'주어는 동일하지 않습니다'** (①의 주어는 Mario, ②의 주어는 1인칭 단수인 Io 나). 이 경우 관계대명사 che는 '직접 목적 인칭대명사'인 'lo(그를)'을 받음으로 '목적어' 구실을 합니다.

관계대명사 che는 선행사의 '성(性)·수(數)'에 따라 il quale, la quale, i quali, le quali로 바꿔 사용할 수 있습니다.

Ho **un amico** che (= **il quale**) abita a Milano.
나는 밀라노에 사는 남자 친구가 있다.

Ho **un'amica** che (= **la quale**) abita a Milano.
나는 밀라노에 사는 여자 친구가 있다.

Ho **degli amici** che (= **i quali**) abitano a Milano.
나는 밀라노에 사는 친구들이 있다.

Ho **delle amiche** che (= **le quali**) abitano a Milano.
나는 밀라노에 사는 여자 친구들이 있다.

3) 앞 문장 전체를 받는 역할

이 경우의 형태는 'il che'의 형태입니다.

Tu fumi troppo, **il che** ti fa male.

(il che =Tu fumi troppo)

너는 담배를 너무 피우는데, 그것은 네게 좋지 않다.

관계대명사 Cui

관계대명사 Cui는 **전치사를 반드시 동반**하며('~에게'를 의미하는 전치사 a의 경우는 생략 가능), 간접목적보어(전치사가 동반되는 목적어)를 대신하기 위해 사용됩니다. 형태는 성수에 관계없이 언제나 cui입니다.

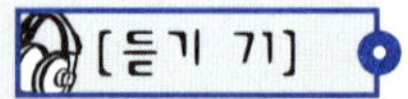

① Mario è italiano. Mario는 이탈리아인이다.

② Io lavoro **con Mario**. 나는 Mario와 같이 일한다.

①+② : Mario, **con cui** lavoro, è italiano.

　　　　내가 같이 일하는 Mario는 이탈리아인이다.

　※ Cui 앞에 어떤 전치사를 사용해야 하는 가는 두 번째 문장을 잘 관찰하면 됩니다.

① Questa ragazza è Carla. 이 소녀가 까를라야.

② Ti ho già parlato **di lei**. 난 네게 그에 대해서 이미 말했다.

① +② : Questa ragazza è Carla, **di cui** ti ho già parlato.

　　　　이 소녀가 내가 네게 이미 말했던 까를라이다.

　※ '전치사+관계대명사 cui' 는 '전치사(또는 전치사 관사)+quale(-i)'로 바꿔 사용할 수 있습니다.

　Mario, **con cui** (=**con il quale**) lavoro, è italiano.

　Questa ragazza è Carla, **di cui** (=**della quale**) ti ho già parlato.

앞서 사용한 전치사 con, di 이외에도 문장에 따라 a, da, in, su, per 등의 전치사를 cui와 함께 사용할 수 있습니다. 전치사 a가 cui와 같이 사용될 경우는 생략이 가능합니다.

　Cui는 정관사(il, la, i, le)와 같이 사용되어 '소유'를 의미하는 관계대명사로 사용됩니다. 정관사의 형태는 cui 뒤에 오는 **명사의 성(性)·수(數)와 일치**시켜야 합니다. 다음 예문을 봅시다.

　① Conosco il signor Martini. 나는 마르띠니씨를 안다.

　② **Suo figlio** studia in Inghilterra. 그의 아들은 영국에서 공부한다.

　①+② : Conosco il signor Martini, **il cui** figlio studia in Inghilterra. 나는 마르띠니씨를 아는데, 그의 아들은 영국에서 공부한다.

　(cui 뒤의 figlio가 '**남성 단수**'이므로 cui 앞에 사용하는 정관사는 **il**)

　① Conosco il signor Fabris. 나는 Fabris씨를 안다.

　② **I suoi figli** studiano in Francia.
　그의 아들들은 프랑스에서 공부한다.

　①+② : Conosco il signor Fabris, **i cui** figli studiano in Francia. 나는 Fabris씨를 아는데, 그의 아들들은 프랑스에서 공부한다.
　(cui 뒤의 figli가 '**남성 복수**'이므로 cui 앞에 사용하는 정관사는 **i**)

　① Conosco il signor Rossi. 나는 롯시씨를 안다.

　② **Sua figlia** studia in Germania.

　①+② : Conosco il signor Rossi, **la cui** figlia studia in Germania. 나는 Rossi씨를 아는데, 그의 딸은 독일에서 공부한다.

　(cui 뒤의 figlia가 '**여성 단수**'이므로 cui 앞에 사용하는 정관사는 **la**)

　① Conosco il signor Paolo. 나는 빠올로씨를 안다.

　② **Le sue figlie** studiano in Corea.
　그의 딸들은 한국에서 공부한다.

①+② : Conosco il signor Paolo, *le cui* figlie studiano in Corea.
나는 빠올로씨를 아는데, 그의 딸들은 한국에서 공부한다.
(cui 뒤의 figlie가 **'여성 복수'**이므로 cui 앞에 사용하는 정관
사는 le)

관계대명사 chi

‘관계대명사 chi’는 ‘～하는 사람은’ 또는 ‘～하는 자는’이라
고 해석하며, 경우에 따라 전치사를 동반하지만, 거의 대부분 단
독으로 사용됩니다. 3인칭 단수 동사와 사용되며, 속담, 격언 등
에 주로 사용됩니다.

[듣기 73]

Chi non studia non impara.
공부하지 않는 **사람은** 배우지 못한다.

Chi va piano, va sano e va lontano.
천천히 가는 **사람은** 건강하게 가고, 멀리 간다.

Voglio dare questo libro *a chi* lo vuole.
나는 이 책을 원하는 **사람에게** 주고 싶다.

✱ Chi는 문장에 따라 그 역할이 다양하기 때문에 해석에 있어서 주의를 기
울여야 합니다.
Chi cerca trova. 구하는 **사람은** 발견한다. (chi : 관계대명사)
Chi sei tu? 너는 **누구**니? (chi : 의문대명사)
Chi gioca, chi studia. **어떤 사람**은 놀고, **어떤 사람**은 공부한다. (chi :
부정대명사)

9.6. 의문대명사(Pronomi interrogativi)

'의문대명사'는 질문할 때 사용되는 대명사이므로 의문대명사라고 합니다. 종류로는 che(che cosa, cosa 무엇), chi(누가, 누구), quale(어느 사람, 어느 것), quanto(얼마나 많은 사람 또는 물건)가 있으며, 이 중에서 che, quale, quanto는 명사를 수식하는 의문형용사로도 사용됩니다.

의문대명사 Che (=Che cosa, Cosa)

의문대명사 Che (=Che cosa, Cosa 무엇, 어떤 것)는 성(性)·수(數)에 관계없이 항상 동일한 형태로, '사물'에만 사용합니다.

[듣기 74]

Che cosa (=Che, cosa) è questo?
이것은 무엇입니까?

Che vuole Lei?
당신은 무엇을 원하십니까?

A **che cosa** serve questo?
이것은 무엇에 사용됩니까?

의문대명사 Chi

의문대명사 Chi(누가, 누구)는 성수에 관계없이 항상 동일한 형태로, '사람'에게만 사용한다. 이 경우에 동사는 3인칭 단수 또는 복수 형태를 사용할 수 있습니다.

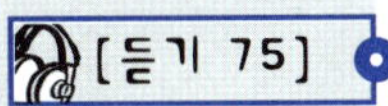
[듣기 75]

Chi è quella bella ragazza?
저 예쁜 소녀가 누구지?

Chi sono quelle belle ragazze?
저 예쁜 소녀들은 누구지?

Con **chi** parlo?
누구십니까? (전화통화에서)

의문대명사 Quale

의문대명사 **Quale**(quali, qual 어느 사람, 어느 것)는 두 세 가지 중에서 선택할 때 사용하는 의문대명사로 사람 및 사물에 사용합니다.

Quale vuoi? 너는 어느 것을 원하니?

Quali di questi bambini preferisci?
너는 이 아이들 중에서 어느 아이를 더 좋아하니?

Qual è il Suo progetto? 당신의 계획은 어떤 것입니까?

의문대명사 Quanto

의문대명사 **Quanto**(-a, -i, -e 얼마나 많은 사람 또는 물건)는 가격, 수량 등을 문의할 때 사용합니다.

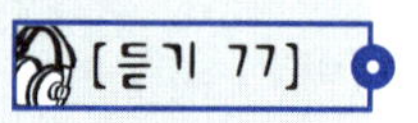

Quanto costa(= viene) questo libro?
이 책은 얼마입니까?

Quanti sono i cattolici in Corea?
한국에 가톨릭 신자들이 얼마나 됩니까?

9.7. 감탄대명사(Pronomi esclamativi)

앞서 살펴본 대명사인 chi, che, quale, quanto가 감탄문에 사용될 경우는 '감탄대명사' 로 사용됩니다.

[듣기 78]

Che vedo! 이게 뭐야!

Chi si vede! 이게 누구야!

약형 혼합(결합) 대명사(Pronomi doppi)

다음은 '간접 목적 인칭대명사의 약형' 과 사물을 받는 '직접 목적 대명사의 약형' 인 lo, la, li, le가 결합된 '약형 혼합(결합) 대명사' 에 대해서 학습해 보겠습니다.

'약형 혼합대명사' 의 형태는 **간접 목적 인칭대명사의 약형+직접목적 대명사의 약형** 입니다.

다음 문장의 예를 보면서 설명하겠습니다.

[듣기 79]

① Do questo libro a te. 나는 네게 이 책을 준다.

② ➔ **Ti** do **questo libro**. 나는 네게 이 책을 준다.

③ ➔ **Te lo** do. 나는 네게 그것을 준다.

우선 문장 ①에서 간접 목적 인칭대명사 강형 a te(너에게)는 간접 목적 인칭대명사 약형 ti로 받을 수 있습니다. 이 경우에 간접 목적 인칭대명사의 약형 ti가 **동사 앞으로** 이동하여 위치함으로써 ②의 문장이 됩니다.

그 다음으로 questo libro는 '남성 단수' 이므로 직접 목적 대명사의 약형인 lo로 받을 수 있습니다. 이 경우에 직접 목적대명사의 약형 lo도 **동사 앞으로** 이동합니다. 그러나 순서에 있어서 **간접 목적 인칭대명사의 약형이 직접 목적 대명사의 약형보다 앞에 위치합니다.** 그러므로 ①의 문장은 'Ti(너에게) lo(그것을)

do(준다).'가 됩니다. 이 경우에 Ti의 i는 e로 바뀝니다(mi, ci, vi의 경우도 마찬가지 ➡ 아래에 있는 **간접 목적 인칭대명사 약형 + 직접 목적대명사 약형** 형태 참고). 그러므로 이 문장은 간접 목적 인칭대명사 약형인 Ti에 직접목적대명사 약형인 lo가 합해진 ③의 문장 'Te lo do.'가 되는 것입니다.

또 다른 문장을 예로 들어보겠습니다.

① Regalo questa penna a lui.

　나는 그 남자에게 이 펜을 선물한다.

② ➡ Gli regalo questa penna.

　　나는 그 남자에게 이 펜을 선물한다.

③ ➡ Gliela regalo.　나는 그것을 그에게 선물한다.

위 문장 ①의 경우 우선 간접 목적대명사 강형 a lui(그 남자에게)는 간접 목적 인칭대명사 약형인 gli로 받을 수 있습니다. 이 경우에 간접 목적 인칭대명사의 약형 gli가 **동사 앞으로** 이동하여 위치함으로써 ②의 문장이 됩니다.

그 다음으로 questa penna는 '여성 단수'이므로 직접 목적대명사의 약형인 la로 받을 수 있습니다. 이 경우에 직접 목적대명사의 약형 la도 **동사 앞으로** 이동합니다. 그러나 순서에 있어서 **간접 목적 인칭대명사의 약형이 직접 목적 대명사의 약형보다 앞에 위치**합니다. 그러므로 '간접목적대명사 약형＋직접목적대명사 약형의 형태(gli＋la)'가 되는데, 이 경우에는 gli와 la사이에 e를 삽입하여 gliela가 됩니다(➡아래에 있는 **간접 목적 인칭대명사 약형 + 직접 목적대명사 약형** 형태 참고). 그러므로 이 문장은 ③의 문장 'Gliela regalo.'의 형태를 갖게 되는 것입니다.

간접 목적 인칭대명사 약형과 직접 목적대명사 약형이 결합할 때 어떤 형태를 취하는지 살펴봅시다.

간목 약형	＋	직목 약형	
mi		lo	me lo, me la, me li, me le
ti		la	te lo, te la, te li, te le
ci	＋	li →	ce lo, ce la, ce li, ce le
vi		le	ve lo, ve la, ve li, ve le

'약형 혼합대명사'에서 **중요한 점**은 간접대명사인 'gli(그 남자에게), le(그 여자에게), Le(당신에게), gli(loro 그들에게)'가 직접대명사인 'lo, la, li, le와 결합하면 **간접대명사가 모두 'gli'로** 변한다는 점입니다.

		lo		glielo
gli		la		gliela
le	＋	li	＝	glieli
Le		le		gliele

⬤＊ Le(당신에게) +lo, la, li, le의 경우는 문장 중간에 오더라도 Glielo, Gliela...처럼 G를 대문자로 표기합니다.

다음 문장에서 'Gliela'를 주의해서 보시면 형태는 동일하지만, 원래의 문장은 모두 다를 수 있다는 것을 볼 수 있습니다. 그러므로 문장에 glielo, gliela.. 등의 혼합대명사가 있으면, 해석할 때 '그 남자에게 그것을'인지, '그 여자에게 그것을'인지, '그들에게 그것을'인지 앞 문장의 내용을 잘 살펴보아야 합니다.

Porto questa penna a Mario.

나는 이 펜을 Mario에게 가져간다.

→ **Gliela** porto. 나는 **그것을 그에게** 가져간다.

  (a Mario → gli + questa penna → la)

Porto questa penna a Anna.

나는 이 펜을 Anna에게 가져간다.

→ **Gliela** porto. 나는 **그것을 그녀에게** 가져간다.

  (a Anna → gli + questa penna → la)

  (a Anna는 원래 → le)

Porto questa penna a Lei.

나는 이 펜을 당신에게 가져간다.

→ **Gliela** porto. 나는 **그것을 당신에게** 가져간다.

  (a Lei → gli + questa penna → la)

  (a Lei는 원래 → Le)

Porto questa penna a loro.

나는 이 펜을 그들에게 가져간다.

→ **Gliela** porto. 나는 **그것을 그들에게** 가져간다.

  (a loro → gli + questa penna → la)

다음 문장을 우리말로 해석하시오.

> 1. Cosnosci Mario? Sì, lo conosco.
> 2. Conosci Anna? Sì, la conosco.
> 3. Conosci questi ragazzi? Sì li conosco.
> 4. Conosci queste ragazze? Sì, le conosco.
> 5. Conoscete Mario e Anna? Sì, li conosciamo.

 1. 너는 Mario를 아니? 응, 나는 그를 알아.

2. 너는 Anna를 아니? 응, 나는 그녀를 알아.

3. 너는 이 소년들을 아니? 응, 나는 그들을 알아.

4. 너는 이 소녀들을 아니? 응, 나는 그녀들을 알아.

5. 너희들은 Mario와 Anna를 아니? 응, 우리들은 그들을 알아.

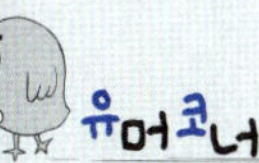

얼마죠 ?

어느 한 여행자가 기차에서 내렸다. 그는 택시 승강장으로 가서 택시 기사에게 물었다.

"Quanto costa trasportare una valigia? 가방 하나 운반하는데 얼마죠?"

택시 운전수가 말했다.

"1 유로입니다."

여행자가 말했다.

"그럼, 이 가방만 Hotel Milano로 갖다 주십시오. 저는 지하철 타고 갈 테니까."

이탈리아에서는 큰 짐을 가지고 택시를 탈 경우, 짐 값을 별도로 받습니다.

제 10 과

동사의 법(Modi)과 시제(Tempi)

이탈리아어 품사에는 9가지 품사가 있습니다. 이 9가지 품사는 크게 두 종류로 구분할 수 있는데, 그 중 하나는 '변환품사'이고 다른 하나는 '불변환 품사'입니다. 변환품사란 단어의 형태가 성과 수, 시제 등에 따라서 변화하는 품사로서 5가지, 즉, 우리가 이미 학습한 관사(un, una, il, la...), 명사(libro, libri, penna, penne...), 대명사(mio, mia, questo, questa...), 동사(sono, sei, è, siamo...), 형용사(bravo, brava, bravi, brave...)가 이에 해당됩니다. 불변환품사란 단어 고유의 형태가 성, 수, 시제 등에 관계없이 그대로 유지되는 품사로서 '4가지'가 있습니다. 제 4과에서 다룬 전치사(in, a, da, su...)외에 이 책의 마지막 부분 19과에서 다룰 부사(anche, quasi, velocemente...), 접속사(e, ma, quindi, perciò...), 감탄사(ah! oh!, ahime!, ecco!...)가 이에 해당됩니다.

이러한 품사 중에서 가장 중요한 역할을 담당하는 것은 '동사'라고 할 수 있습니다. 동사부분을 확실히 이해하면 이탈리아어를 거의 다 알았다고 말 할 수 있을 정도입니다. 여러분도 아시다시피 '동사' 란 인물 또는 사물의 행동, 사건, 상태 등을 시제와 더불어 나타내는 품사입니다. 우리는 이미 제 6과에서 essere동사가, 제 7과 에서 avere동사가 주어에 따라 변화하는 것을 익혔습니다. 이제는 좀 더 자세하게 동사에 대해서 알아봅시다.

이탈리아어에서는 '말하는 사람(화자)의 표현 방식' 에 따라 '동사' 가 다양한 형태를 갖게 되는데, 바로 이러한 표현 방식을 '**법**'(法, i modi)이라고 합니다. 또한 동사는 '현재', '과거', '미래' 등 시간의 흐름을 지시하는 '**시제**'(時制, i tempi)를 나타냅니다. 이탈리아어 동사는 '법'과 '시제'에 따라 다양한 형태를 갖습니다. 이를 위해서는 일단, '법'과 '시제'에 따른 동사의 변화형을 열심히 암기해야 합니다. 그렇다고 사전에 있는 모든 동사의 변화형을 암기할 필요는 없습니다. 몇 가지의 규칙동사와 불규칙 동사의 변화를 확실하게 아시면, 다른 동사의 형태도 쉽게 활용할 수 있습니다.

자, 먼저 '법과 시제'에 대하여 간단하게 설명 드리겠습니다.

우선 '말하는 사람의 표현 방식' 을 나타내는 '**법**'(法, i modi)에 대해 살펴봅시다. 법(法)에는 '7종류'가 있는데 크게 2가지로 분류합니다. 그 중 하나는 동사의 형태를 보고 '**인칭**'과 '**수**'를 확실하게 **알 수 있는** '**한정법**'(i modi finiti)이며, 다른 하나는 동사의 형태를 보더라도 '**인칭**'과 '**수**'를 정확하게 **알 수 없는** '**부정법**'(i modi indefiniti)입니다. 물론 이탈리아어를 처음 공부하시는 분들은 용어가 약간 생소해서 조금 이해하기 힘드실 것입니다만 다음 설명을 보시면 충분히 잘 이해하실 수 있으리라 확신합니다.

다음 1)~4)까지 문장의 **인칭과 수를 정확히 알 수 있는** 문장을 살펴봅시다.

1) Adesso il treno **parte** dalla stazione.

　지금 기차가 역에서 출발합니다.

　위 문장에서 동사의 형태인 parte (동사원형 : partire 출발하다)로부터 우리는 다음과 같은 정보를 얻을 수 있습니다.

　　① 인칭－**3인칭**('기차'는 나도 너도 아닌 제 3자)
　　② 수－**단수**(기차가 1대) / (복수는 i treni 기차들)
　　③ 법－객관적 사실 표현(실제로 기차가 현재 출발하고 있는 객관적 사실을 표현합니다. 이와 같은 표현 방식을 '**직설법**'이라고 합니다. → 제 11과 참고.)
　　④ 시제－**현재**(지금 출발한다)

2) Se non piovesse, **uscirei**.

　비가 오지 않으면, 난 외출할 텐데.

　동사의 형태인 uscirei(동사원형 : uscire 외출하다)로부터 우리는 다음과 같은 정보를 얻을 수 있습니다.
　　① 인칭－**1인칭**(주어는 '나'이므로 1인칭)
　　② 수－**단수**(나 혼자)
　　③ 법－어떠한 조건 하에서만 가능성이 있는 표현(비가 오지 않는다면 외출할 수도 있다는 가능성 또는 외출하고 싶다는 의향을 나타냅니다. 이와 같은 표현 방식을 '**조건법**'이라고 합니다. → 제 12과 참고.)
　　④ 시제－**현재**

3) **Penso** che il treno **arrivi** alle 10.

　나는 기차가 10시에 도착할 것이라고 **생각한다**.

위 문장에서 동사의 형태인 arrivi (동사원형 : arrivare 도착
하다)로부터 우리는 다음과 같은 정보를 얻을 수 있습니다.

① 인칭 – **3인칭**(기차는 나도 너도 아닌 제 3자)
② 수 – **단수**(기차 1대)
③ 법 – 개인의 주관적인 생각을 표현(기차가 10시에 도착할 것
       이라는 내 개인의 주관적인 생각을 나타냅니다 - 이와
       같은 주관적인 표현 방식을 '**접속법**' 이라고 합니다)
④ 시제 – **현재**

4) Mario, **Vieni** qua un attimo!
   Mario, 잠깐만 이리와!

동사의 형태인 vieni(동사원형 : venire 오다)로부터 우리는
다음과 같은 정보를 얻을 수 있습니다.

① 인칭 – **2인칭**(너에게 명령하는 것임으로 '너' 는 2인칭)
② 수 – **단수**('너' 한명)
③ 법 – 명령 표현(어떤 행동을 하라고 명령하는 표현입니다.
       이러한 표현 형태를 '**명령법**' 이라고 합니다.)
④ 시제 – **현재**(지금 오라는 것임)

상기한 1)~4)의 예에서 **동사의 형태**를 살펴보면, 각 정보의
①과 ②에서 알 수 있듯이 '**인칭(persona)**' 과 '**수(numero)**'
를 완벽히 알 수 있습니다. 이러한 경우를 문법적 용어로 '**한정
법**' 이라고 합니다. '한정법' 에는 '4가지' 가 있습니다. 즉, 위의
예문 1)번의 경우처럼, 객관적인 확실한 사실을 나타내는 '**직설
법(l'indicativo)**' 이 있으며, 직설법 시제는 8가지, 즉, '현재',
'근과거', '반과거', '원과거', '대과거', '선립과거', '단순미

래’, ‘선립미래’로 구성되어 있습니다. 직설법 시제에 대해서는 조금 후 제 11과에서 보다 상세하게 다루겠습니다.

제 6과 에서 보았던 ‘Sono coreano(a). 나는 한국인이다.’ 라는 문장에서의 ‘sono’, 제 7과 에서 보았던 ‘Ho penna. 나는 펜을 가지고 있다.’ 라는 문장에서의 ‘ho’ 등은 **사실을 그대로 나타내는 직설법** 형태입니다. 즉, 지금 **현재 실제로** 한국인이며, **실제로 현재** 펜을 가지고 있음을 나타내고 있습니다. 그러므로 제가 미리 설명을 자세히 드리지 않았을 뿐 여러분은 지금까지 계속 ‘직설법 현재’ 문장을 많이 다룬 것입니다.

위의 예문 2)번의 경우는 실제로 발생하지 않은 사건이나 가능성 있는 사건 또는 완전히 불가능한 사건을 나타내는 **조건법 (il condizionale)**입니다. 조건법 시제는 2가지, 즉, ‘현재’ 와 ‘과거’ 가 있습니다. ➡ 제 12과 참고.)

위의 예문 3)번의 경우는 주관적인 생각, 불확실, 의심, 희망 등을 나타내는 **접속법(il congiuntivo)**입니다. 접속법 시제는 4가지, 즉 ‘현재’, ‘과거’, ‘반과거’, ‘대과거’로 구성되어 있습니다. ➡ 제 13과 참고.)

위의 예문 4)번의 경우는 ‘명령’을 나타내는 **명령법 (l’imperativo)**입니다. 제 3과의 ‘부분관사’ 부분 에서 보았던 ‘Dammi del pane! 나에게 빵을 달라!’는 표현 기억하시지요? 바로 이러한 경우가 명령법이지요. 명령법 시제에는 한 가지, 즉, ‘현재’ 가 있습니다. ➡ 제 14과 참고.)

다음은 ‘**부정법**’ 입니다. 부정법에는 3가지(부정사, 분사, 제룬디오gerundio)가 있으며, 시제는 각각 두 가지씩, 즉 ‘현재’ 와 ‘과거’로 구성되어 있습니다. 이에 해당하는 예를 들면서 설명 드리겠습니다.

예 **cantare**. 노래하다.

동사 원형인 cantare로부터 우리가 얻을 수 있는 정보는 위에서 보았던 한정법과는 다릅니다.
① 인칭 – 알 수 없음
② 수 – 알 수 없음
③ 법 – 부정사(동사의 원형 → 15.1. 참고.)
④ 시제 – 현재

위 문장에서 cantare라는 동사원형 형태만으로는 '인칭' 도 '수' 도 알 수 없습니다. '인칭' 과 '수' 를 알기 위해서는 cantare 외에 다른 동사가 필요합니다. 예를 들어, 다른 직설법 동사인 Amo (동사원형 : amare 사랑하다, 좋아하다)를 붙여, "Amo cantare.(나는 노래하는 것을 좋아한다)"라고 문장을 구성해야 동사 'Amo' 로부터 주어의 '인칭' 은 1인칭이며, '수(數)' 는 '단수' 라는 정보를 얻을 수 있습니다.

분사

1) 현재분사

예 **insegnante**

'교사' 라는 의미의 '명사' 로 사용되는 insegnante는 동사 insegnare(~가르치다)의 '현재분사' 형태입니다. 일반적으로 현재분사 형태는 '명사화' 되어 **명사** 로 사용됩니다. 현재분사인 insegnante로부터 우리가 얻을 수 있는 정보는 다음과 같습니다.
① **인칭** - 알 수 없음

② 수- **단수**(한 명, 만일 두 명 이상이면 insegnant**i**)

③ 법- 분사(형태는 분사형태 ➡ 15.2. 참고.)

④ 시제- 현재

현재분사 형태인 insegnante로 부터는 주어의 인칭을 알 수 없습니다. 반면에 '수(數)' 는 insegnant**e**의 형태를 통하여 '단수' 라는 것을 알 수 있습니다. 만일에 insegnant**i**라면 복수가 되겠지요. 누가 교사를 하는지 인칭을 알기 위해서는 또 다른 정보가 필요합니다. 예를 들어, fare(~하다)라는 동사의 1인칭 형태인 faccio를 붙여서 "Faccio l' **insegnante** di musica.(나는 음악 교사이다.)"라는 문장을 만들어 봅시다. 그러면 문장에 있는 직설법 동사인 faccio를 통해서만 주어가 1인칭이라는 것을 알 수 있습니다.

2) 과거분사

예 prenotati

'예약된' 라는 의미의 '형용사' 로 사용되는 prenotati는 동사 prenotare(예약하다)의 '과거분사' 형태입니다. 일반적으로 과거분사 형태는 '형용사화' 되어서 **형용사** 로 사용됩니다. 과거분사인 prenotati로부터 우리가 얻을 수 있는 정보는 다음과 같습니다.

① **인칭- 알 수 없음**

② 수- **복수**(단수라면 prenotato)

③ 법- 분사(형태는 분사형태 ➡ 15.2. 참고.)

④ 시제- 과거

과거분사인 prenotati 자체만으로는 인칭에 관한 정보는 알 수 없으며, 단지 '수(數)' 에 관한 정보만 알 수 있습니다. 즉, '복수' (prenotat**i**)인 것을 알 수 있습니다. 단수라면 prenotat**o**

가 되겠지요. 그러므로 인칭을 알기 위해서는 현재분사와 마찬가지로 또 다른 정보가 반드시 요구됩니다. 예를 들어 "Questi sono i posti prenotati.(이것은 예약된 자리들이다.)"라는 문장을 만들어 봅시다. 그러면 지시대명사로서 주어의 역할을 하는 Questi를 통해서만 '인칭'이 3인칭이라는 것을 알 수 있습니다.

제룬디오(gerundio)

예 ascoltando

상기한 예인 ascoltando는 동사원형 ascoltare (~듣다)의 '제룬디오' 형태입니다. 이 제룬디오 형태 자체만으로는 '인칭'도 '수(數)'도 알 수 없습니다. 제룬디오 형태인 ascoltando로부터 우리가 얻을 수 있는 정보는 다음과 같습니다.

① 인칭 – **알 수 없음**
② 수 – **알 수 없음**
③ 법 – 제룬디오(제룬디오 형태 ➡ 15.3. 참고.)
④ 시제 – 현재

여러분께서는 '제룬디오'라는 용어가 매우 생소하게 들릴 것입니다. '제룬디오'를 의미하는 정확한 우리말이 없기 때문에 그대로 사용했습니다. '제룬디오'의 용법을 영어 문법의 용도와 비교를 한다면, '시간', '이유', '방법', '가정' 등을 나타내는 '분사 구문'과 비슷하다고 할 수 있습니다. 인칭과 수를 알기 위해서는 앞에서 보았던 '부정사, 분사'와 마찬가지로 또 다른 정보가 필요합니다. 제룬디오의 여러 용법 중에서 '방식'을 나타내는 예를 들도록 하겠습니다.

Roberto balla ascoltando la musica.
로베르또는 음악을 들으며 춤을 춘다.

위 예문에서 제룬디오 형태인 ascoltando 자체만으로는 인칭과 수를 알 수 없으므로, 문장에 있는 직설법 동사인 balla의 도움을 받아야만 인칭과 수를 알 수 있습니다. 즉, 직설법 동사인 balla를 통해서 주어가 '3인칭'이며, 수(數)는 '단수'라는 정보와 시제가 '현재'라는 정보를 알 수 있는 것입니다.

다시 한 번 요약하면 **부정법**에는 위의 예문 중 1)번의 경우처럼 단지 '행동의 개념'만을 나타내는 **부정사**(l'infinito), 2)번의 경우처럼 '명사'로서 또는 명사를 꾸며주는 '형용사'의 기능을 하는 **분사**(il participio), 3)번의 경우처럼, '시간'을 비롯해서 '이유', '방법', '가정' 등을 표현하는 **제룬디오**(il gerundio)가 있습니다. 부정사, 분사, 제룬디오의 시제는 각각 '현재'와 '과거'가 있습니다.

부정법은 말하는 사람(화자)의 태도 또는 표현 방법을 지시하는 것이 아니라, 동사, 명사 또는 형용사로서의 역할을 담당하는 기능을 갖습니다. **부정법** 문장에서는 동사의 형태를 관찰하더라도 '인칭'에 관한 정보는 결코 알 수 없으며, 단지, 경우에 따라 '수'와 관련된 정보만을 얻을 수 있습니다. 그러므로 **'인칭'과 '수'가 정확히 정해지지 않았기 때문에 '부정법'**(또는 불완전한 법)이라고 부르는 것입니다.

처음 이탈리아어를 접하시는 분들은 아마도 이러한 여러 가지 법(法)이 있는 것에 관해 약간은 어렵게 생각하실 수도 있습니다. 하지만 생소한 용어를 사용함으로 조금 어렵게 느껴지는 것이지 실제의 의미를 생각하면 그리 어렵지 않을 것입니다. 무엇보다도 중요한 것은 몇 가지 기본 문장을 선택하셔서 '법'과 '시제'를 잘 이해하시고, 잘 익혀두는 것이 이탈리아어를 잘 할 수 있는 좋은 방법 중의 하나일 것입니다.

제 11 과

동사 1
직설법(Indicativo)

앞서 말씀드렸듯이 이탈리아어에서 **가장 중요한 역할**을 담당하는 품사는 '**동사**' 입니다. '동사' 를 확실히 이해하면 이탈리아어를 거의 다 알았다고 말 할 수 있습니다. '직설법' 이란 '**객관적인 사실을 표현하는 방식**' 을 의미합니다. 우리는 이미 6과에서 essere 동사, 7과에서 avere 동사가 변화하는 것을 익혔습니다. 이제는 좀 더 자세하게 '동사' 에 대해서 알아봅시다.

자, 먼저, 현재의 객관적인 사실을 표현하는 '직설법 현재' 부터 학습해 봅시다.

11.1. 직설법 현재(Indicativo presente)

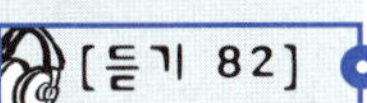 [듣기 82]

Ciao! Come stai? 안녕, 어떻게 지내니?

Anna : Ciao Mario! 안녕, 마리오.

Mario : Ciao! Come **stai**? 안녕, 어떻게 지내니?

Anna : **Sto** bene. Grazie, e tu?

잘 지내. 고마워, 너는?

Mario : Anch'io **sto** bene. Che cosa **fai** questa sera?

나도 잘 지내. 오늘 저녁에 뭐하니?

Anna : **Vado** al cinema con Luisa per vedere 'La vita è bella' di Roberto Benigni. **Vuoi** venire con noi?

나는 루이자와 로베르또 베니니의 '인생은 아름다워'를 보러 갈 거야. 너도 우리와 같이 갈래?

Mario : Volentieri. **Sai** gli orari degli spettacoli?

기꺼이. 상영 시간을 아니?

Anna : Sì. C'è ne uno alle sette.

응. 7시에 상영하는 게 있어.

위의 대화문에서 굵은체로 표시된, stai(원형: stare 지내다), sto(원형: stare 지내다), fai(원형: fare ~하다), vado(원형: andare 가다), vuoi(원형: volere ~원하다), sai(원형: sapere 알다) 등의 형태가 '직설법 현재' 형태입니다.

여러분께서 아시다시피 시제(i tempi)란 '현재', '과거', '미래' 등 시간을 표시하는 것입니다. 앞서 말씀드렸듯이 **직설법 시제는 8가지**로, 즉, ① **현재**, ② **근과거**, ③ **반과거**, ④ **원과거**, ⑤ **대과거**, ⑥ **선립과거**, ⑦ **단순미래**, ⑧ **선립미래**로 구성되어 있습니다. 특히 직설법 '과거 시제'를 살펴보면 '5가지'로 과거 시제가 매우 세분화되어 있는 것을 알 수 있습니다. 조금 후에 하나씩 쉽게 설명 드리겠습니다.

이탈리아어 동사는 **동사원형의 끝 부분** 형태에 따라 '3가지 형태'로 분류합니다. 그 첫 번째 형태는 어미가 **-are**로 끝나는 형태(**예** guard**are**, 쳐다보다, parl**are** 말하다, port**are** 가져가다...)로 '1군 동사'라고 말합니다. 두 번째 형태는 어미가 **-ere**로 끝나는 형태(viv**ere** 살다, prend**ere** 갖다, 마시다, legg**ere** 읽다...)로 '2군 동사', 세 번째 형태는 어미가 **-ire**로 끝나는 형태(sent**ire** 느끼다, part**ire** 출발하다, fin**ire** 끝내다, cap**ire** 이해하다...)로 '3군 동사'라고 합니다. 단, 3군 동사는 동사의 변화 형태에 따라 제 1 형태(sentire, partire...)와 제 2 형태(finire, capire...)로 구분합니다. 그 차이는 조금 후(127쪽~129쪽)에 보도록 하겠습니다.

동사는 1군 동사에서 3군 동사에 이르기까지, 동사의 -are, -ere, -ire부분만 규칙적으로 변하는 '규칙동사', 동사의 형태가 불규칙적으로 변하는 '불규칙 동사'가 있습니다. 그러므로 불규칙 동사의 경우는 자주 사용하는 것은 반드시 암기하고, 불확실할 경우는 사전을 활용하시기 바랍니다. 이탈리아어의 동사 변화에 익숙해지면 불규칙 변화가 그리 어렵게 느껴지지 않을 것입니다.

동사의 변화에는 형태가 규칙적으로 변하는 '규칙 동사'와 불규칙적으로 변하는 '불규칙 동사'가 있다고 말씀드렸지요. 자, 그럼, '직설법 현재' 형태 중에서 규칙적으로 변하는 **'규칙동사'**들부터 익혀봅시다.

1군 규칙 동사 : -are

Roberto : Signorina, Lei **parla** l'italiano?

아가씨, 당신은 이탈리아어를 할 줄 압니까?

Mary : Sì, lo **parlo** un po'.

예, 이탈리아어를 조금 할 줄 압니다.

위의 문장에서 parla의 형태를 보면 주어의 '인칭(2인칭-Lei)' 과 '수(단수)'를 알 수 있으며, parlo의 형태를 보면 주어의 '인 칭(1인칭-io)'과 '수(단수)'를 알 수 있습니다. '당신'을 의미하 는 'Lei'의 '인칭'과 '수'는 '2인칭 단수'이지만 **동사 형태는 반드시 3인칭 단수**의 형태를 사용한다는 것을 **반드시 기억**하시 기 바랍니다. 이는 '실제로(직설법) 현재(시제)' '이탈리아어를 할 줄 아느냐?' 라고 질문하는 것이며, 대답하는 사람 또한 '실 제로(직설법) 현재(시제)' '이탈리아어를 할 줄 안다' 라고 표현 하고 있는 것입니다.

주어에 따른 parlare(말하다) 동사의 '직설법 현재' 형태를 살 펴봅시다.

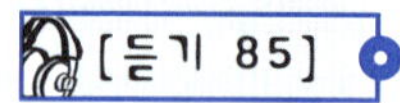

[듣기 84]

Parlare l'italiano. 이탈리아어를 말하다.

(io)	parl**o**	
(tu)	parl**i**	
(lui, lei, Lei)	parl**a**	l'italiano.
(noi)	parl**iamo**	
(voi)	parl**ate**	
(loro)	parl**ano**	

2군 규칙 동사 : -ere

[듣기 85]

Mario : Che cosa prendi? 너 뭐 마실래?
Anna : Prendo un caffè. 커피 마실게.

위의 대화문에서 동사 prendi(원형 : prendere 마시다)의 형태 를 보면 주어의 '인칭(2인칭-tu)'과 '수(단수)'를 알 수 있으며, prendo의 형태를 보면 주어의 '인칭(1인칭-io)'과 '수(단수)'를 알 수 있습니다. '실제로(직설법) 현재(시제)' '커피를 마시겠느냐?' 라고 질문하는 것이며, 대답하는 사람 또한 '실제로(직설법) 현재(시제)' '커피를 마시겠다.' 라고 대답하는 것을 표현하고 있는 것입니다.

주어에 따른 prendere(마시다, 잡다) 동사의 '직설법 현재' 형태를 살펴봅시다.

○ Prend**ere** un caffè. 커피를 마시다.

(io)	Prend**o**	
(tu)	Prend**i**	
(lui, lei, Lei)	Prend**e**	un caffè.
(noi)	Prend**iamo**	
(voi)	Prend**ete**	
(loro)	Prend**ono**	

3군 규칙 동사 : −ire

3군 동사에는 1형태와 2형태가 있습니다. 먼저 3군 동사의 제 1형태입니다.

Mario : Perché **apri** la finestra? 왜 창문을 여니?
Anna : Perché fa caldo. 덥기 때문이야.

(*fa 동사원형 : fare ∼하다)

위의 대화문에서 apri의 형태를 보면 주어의 '인칭(2인칭-tu)' 과 '수(단수)' 를 알 수 있으며, '실제로(직설법) 현재(시제)' '왜 창문을 여느냐?' 라고 질문하는 것입니다.

주어에 따른 aprire(열다) 동사의 '직설법 현재' 형태를 살펴 봅시다.

◦ Aprire la finestra. 창문을 열다.

(io)	Apro	
(tu)	Apri	
(lui, lei, Lei)	Apre	
(noi)	Apriamo	la finestra.
(voi)	Aprite	
(loro)	Aprono	

다음은 3군 동사의 제 2형태입니다.

Mario : Quando finisci la lezione?

　너는 수업을 언제 끝내니?

Anna : Finisco la lezione alle cinque.

　5시에 수업을 끝내.

위의 대화문에서 finisci의 형태를 보면 주어의 '인칭(2인칭 -tu)'과 '수(단수)'를 알 수 있으며, finisco의 형태를 보면 주어의 '인칭(1인칭 -io)'과 '수(단수)'를 알 수 있습니다. '실제로(직설법) 현재(시제)' '언제 수업을 끝내느냐?' 라고 질문하는 것이며, 대답하는 사람 또한 '실제로(직설법) 현재(시제)' '언제 수업을 끝낸다' 라고 표현하고 있는 것입니다.

　주어에 따른 finire(끝내다) 동사의 '직설법 현재' 형태를 살펴봅시다. 바로 이전의 aprire 동사처럼 동사의 어미부분이 -ire로 끝나지만 주어에 따른 변화형은 완전히 다르다는 것을 알 수 있습니다.

◦ Finire la lezione. 수업을 끝내다.

(io)	Finisco	
(tu)	Finisci	la lezione.
(lui, lei, Lei)	Finisce	

<table>
<tr><td>(noi)</td><td>Fin**iamo**</td><td></td></tr>
<tr><td>(voi)</td><td>Fin**ite**</td><td>la lezione.</td></tr>
<tr><td>(loro)</td><td>Fin**iscono**</td><td></td></tr>
</table>

　지금까지 '규칙적'으로 변하는 동사들의 '직설법 현재' 형태를 알아보았습니다.

　다음은 '불규칙적'으로 변하는 대표적인 몇몇 '불규칙 동사'의 '직설법 현재' 형태를 소개하겠습니다. 이 동사들은 하루에도 여러 번 사용되는 가장 기초적인 동사들입니다. 실제 상황에서 사용하실 수 있도록 열심히 암기하시기 바랍니다.

○ **Andare** al concerto. 콘서트에 **가다**.

(io) vado, (tu) vai, (lui, lei, Lei) va, (noi) andiamo, (voi) andate, (loro) vanno al concerto.

○ **Venire** dalla Corea. 한국에서 **오다**.

(io) vengo, (tu) vieni, (lui, lei, Lei) viene, (noi) veniamo, (voi) venite, (loro) vengono dalla Corea.

○ **Fare** la spesa. 쇼핑을 **하다**.

(io) faccio, (tu) fai, (lui, lei, Lei) fa, (noi) facciamo, (voi) fate, (loro) fanno la spesa.

○ **Sapere** cucinare. 요리할 줄 **안다**.

(io) so, (tu) sai, (lui, lei, Lei) sa, (noi) sappiamo, (voi) sapete, (loro) sanno cucinare.

○ **Stare** bene. 잘 **지내다**.

(io) sto, (tu) stai, (lui, lei, Lei) sta, (noi) stiamo, (voi) state, (loro) stanno bene.

◐ **Uscire** con l'amica. 여자 친구와 **외출하다.**

(io) esco, (tu) esci, (lui, lei, Lei) esce, (noi) usciamo, (voi) uscite, (loro) escono con l'amica.

◐ **Rimanere** a casa. 집에 **머무르다.**

(io) rimango, (tu) rimani, (lui, lei, Lei) rimane, (noi) rimaniamo, (voi) rimanete, (loro) rimangono a casa.

◐ **Bere** un bicchiere di vino. 포도주 한 컵을 **마시다.**

(io) bevo, (tu) bevi, (lui, lei, Lei) beve, (noi) beviamo, (voi) bevete, (loro) bevono un bicchiere di vino.

◐ **Dare** una penna. 펜을 **주다.**

(io) do, (tu) dai, (lui, lei, Lei) dà, (noi) diamo, (voi) date, (loro) danno una penna.

> ✳ (lui, lei, Lei) dà의 à 위에 악센트 표시에 주의하시기 바랍니다. 악센트 표시를 하지 않으면 '~로 부터' 등을 의미하는 전치사(da)가 됩니다.

◐ **Dire** la verità. 진실을 **말하다.**

(io) dico, (tu) dici, (lui, lei, Lei) dice, (noi) diciamo, (voi) dite, (loro) dicono la verità.

◐ **Leggere** il giornale di oggi. 오늘 신문을 **읽다.**

(io) leggo, (tu) leggi, (lui, lei, Lei) legge, (noi) leggiamo, (voi) leggete, (loro) leggono il giornale di oggi.

조동사(i verbi servili)

이탈리아어 조동사에는 욕구, 의향을 나타내는 'volere(~원

하다)', 의무를 나타내는 'dovere(~해야만 한다)', 능력을 나타
내는 'potere(~을 할 수 있다)'가 있습니다. 영어에서와 마찬가
지로 조동사 다음에 동사가 올 경우에는 '동사의 원형'이 옵니
다. 이와 같은 조동사의 직설법 현재 형태를 학습해 봅시다.

[듣기 91]

○ **Volere** andare a Roma. 로마에 가기를 원하다.

(io)	**Voglio**	
(tu)	**Vuoi**	
(lui, lei, Lei)	**Vuole**	andare a Roma.
(noi)	**Vogliamo**	
(voi)	**Volete**	
(loro)	**Vogliono**	

[듣기 92]

○ **Dovere** studiare l'italiano. 이탈리아어를 공부해야만 한다.

(io)	**Devo**	
(tu)	**Devi**	
(lui, lei, Lei)	**Deve**	studiare l'italiano.
(noi)	**Dobbiamo**	
(voi)	**Dovete**	
(loro)	**Devono**	

[듣기 93]

○ **Potere** aspettare un momento. 잠시 기다릴 수 있다.

(io)	**Posso**	
(tu)	**Puoi**	
(lui, lei, Lei)	**Può**	aspettare un momento.
(noi)	**Possiamo**	
(voi)	**Potete**	
(loro)	**Possono**	

직설법 현재의 용도

'직설법 현재형'은 위의 예문에서 보았던 객관적인 현재의 사

실 이외에도 변하지 않는 진실 또는 가까운 미래 등을 표현 할 때도 사용됩니다.

① **Bevo** un caffè. (Bevo: bere 마시다) - 현재의 객관적 사실.
나는 커피를 마신다.

② La terra **gira** attorno al sole. (gira: girare 돌다, 회전하다)
- 변하지 않는 진실.
지구는 태양 주위를 돈다.

③ **Torno** subito. (torno: tornare 돌아오다) -가까운 미래.
즉시 돌아올게.

밑줄 친 부분의 법과 시제에 주의하여 다음 문장을 우리말로 해석하시오.

1. <u>Studiamo</u> a scuola.
2. <u>Parlo</u> l'italiano.
3. Paolo <u>prende</u> un caffè.
4. Dove <u>va</u> Mario?
5. Loro <u>vengono</u> da Milano.
6. <u>Devo</u> studiare molto l'italiano.
7. <u>Posso</u> entrare?
8. <u>Voglio</u> tornare a casa presto.
9. Mario <u>vuole</u> andare in Italia.
10. <u>Rimangono</u> a casa.

 1. 우리는 학교에서 공부를 한다.
2. 나는 이탈리아어를 말할 줄 안다.
3. Paolo는 커피를 마신다.
4. Mario는 어디에 가지?
5. 그들은 밀라노로부터 온다.
6. 나는 이탈리아어 공부를 많이 해야 한다.
7. 제가 들어갈 수 있습니까?

8. 나는 집에 일찍 돌아가고 싶다.
9. Mario는 이탈리아에 가고 싶다.
10. 그들은 집에 남아 있다.

11.2. 직설법 근과거(Indicativo passato prossimo)

우리는 조금 전에 '직설법 현재' 시제에 관해서 공부했습니다. 이제는 '과거'에 실제로 발생했던 일에 대해서도 말할 수 있어야 하겠지요. 이번 과에서는 현재로부터 가까운 과거에 발생한 객관적인 사실을 표현하는 '직설법 근과거(近過去)'에 대해서 알아보겠습니다.

먼저, 예문을 봅시다.

[듣기 94]

Dove sei andato ieri? 너 어제 어디 갔었니?

Anna : Mari**o**, dove **sei andato** ieri?

　　　Mario, 너 어제 어디 갔었니?

Mari**o** : **Sono andato** al cinema.

　　　나는 극장에 갔었어.

　　　E tu Ann**a**, dove **sei andata** ieri?

　　　그런데 Anna, 너는 어제 어디 갔었니?

Ann**a** : **Sono andata** in biblioteca.

　　　나는 도서관에 갔었어.

위의 예문에서 'sei andato', 'sono andato', 'sei andata', 'sono andata' 형태가 '직설법 근과거' 형태입니다.

또 다른 예를 보도록 하겠습니다.

Anna : Mario, **hai cambiato** la tua macchina?

Mario, 너 자동차 바꿨니?

Mario : Sì, **ho cambiato** la mia macchina la settimana scorsa.

응, 지난주에 자동차를 바꿨어.

Hai cambiato anche la tua?

너도 네 것을 바꿨니?

Anna : No, non **ho cambiato** ancora la mia.

아니, 난 내 것을 아직 바꾸지 않았어.

위의 대화문에서 'hai cambiato', 'ho cambiato'의 형태 역시 '직설법 근과거' 형태입니다.

앞서 잠깐 언급했듯이 '직설법'에는 '과거 시제'가 5가지(근과거, 반과거, 원과거, 대과거, 선립과거)로 다양합니다. 그 중에서도 '직설법 근과거'는 일상생활에서 가장 많이 사용되는 시제 중 하나입니다. '직설법 근과거'란 현재로부터 가까운(近) 과거(過去)에 실제로 일어났던 행위, 사건 등을 나타낼 때 사용합니다.

그럼, 상기한 두 대화문을 살펴보면서 '직설법 근과거'에 대해 학습해 보겠습니다. 먼저, 위의 대화문에서 굵은체로 강조한 부분에 주의를 기울여 주십시오. 여러분은 지금까지 보지 못했던 새로운 형태를 발견할 수 있습니다. 바로 [듣기 94] 대화문에서 'sei andato', 'sono andata' 등, 그리고 [듣기 95] 대화문에서 'hai cambiato', 'ho cambiato' 등 입니다. 바로 이러한 형태가 '직설법 근과거' 형태입니다.

이 문장들을 잘 살펴보시면 여러분들이 이미 공부한 단어들이 있습니다. Essere 동사의 직설법 현재 형태인 'sei, sono'와

avere 동사의 직설법 현재 형태인 'hai, ho'가 보이시죠? 이러한 경우 essere 또는 avere 동사는 원래의 뜻을 지닌 본동사로 사용되지 않고 과거 시제를 만들기 위한 '보조동사(i verbi ausiliari)'로 사용됩니다. Essere 또는 avere 동사의 옆을 보면 andato, andata, cambiato와 같은 처음 보는 형태들이 있습니다. 이러한 형태를 '과거분사(il participio passato ＝p.p.)'라고 합니다. 즉, '직설법 근과거' 형태는 'essere **또는** avere **동사의 직설법 현재 ＋ 과거분사**'입니다. 물론 essere 동사를 보조동사로 선택하느냐 아니면 avere 동사를 보조동사로 선택하느냐 하는 것에 주의를 기울여야 하는데, 일반적으로 목적어를 필요로 하는 타동사의 경우는 avere 동사를 보조동사로 취하고, 왕래발착(가다, 오다, 출발하다, 도착하다 등)의 의미를 지닌 자동사인 경우에는 essere 동사를 보조동사로 취합니다. Essere 또는 avere 동사와 과거분사가 합쳐져서 시제를 나타내는 경우, 이러한 시제를 '복합시제'라고 합니다. 반면에 '직설법 현재'처럼 동사 한 개가 시제를 나타내는 경우를 '단순시제'라고 합니다.

직설법 근과거의 형태

Essere
혹은　　　직설법 현재＋과거분사(p.p.)
Avere

자, 여러분은 이미 제 6과와 제 7과에서 essere 동사와 avere 동사의 '직설법 현재' 형태를 배우셨기 때문에, '직설법 근과거' 형태를 만들기 위해서는 '과거분사'를 만드는 법을 알아야 합니다. 이제 '과거분사'를 만드는 법을 알아봅시다. '과거분사'에는 '규칙' 형태와 '불규칙' 형태가 있습니다. 먼저 '규칙변화'를 알아보겠습니다.

'규칙 형태' 의 경우, 1군 동사(-are)는 -ato로, 2군 동사(-ere)는 -uto로, 3군 동사(-ire)는 -ito로 고치면 됩니다.

-are → -ato	-ere → -uto	-ire → -ito
parlare → parlato	vendere → venduto	finire → finito

Ieri ho parlato sulla vita degli italiani.
어제 나는 이탈리아인들의 삶에 대해 말했다.

Una settimana fa abbiamo venduto tutto.
일주일 전에 우리는 모든 것을 팔았다.

Hai appena **finito** la lezione.
너는 지금 막 수업을 끝냈다.

다음은 '불규칙 과거분사' 형태를 지니는 단어들에 대해 알아보겠습니다. 일반적으로 일상생활에서 많이 사용되는 단어들의 '불규칙 과거분사' 는 다음과 같습니다.

accendere(~을 켜다) → acceso / aprire(~을 열다) → aperto / bere(~을 마시다) → bevuto / chiedere(질문하다) → chiesto / chiudere(~을 닫다) → chiuso / dire(~을 말하다) → detto / essere(~이다) → stato / fare(~을 하다) → fatto / leggere(~을 읽다) → letto / morire(죽다) → morto / nascere(태어나다) → nato / offrire(~을 공급하다) → offerto / perdere(~을 잃다) → perso(perduto) / ridere(웃음을 웃다) → riso / rispondere(대답을 하다) → risposto / scegliere(~을 선택하다) → scelto / scendere(내려가다) → sceso / spegnere(~을 끄다) → spento / vedere(~을 보다) → visto / venire(오다) → venuto / decidere(결정하다) → deciso / prendere(마시다, 갖다) → preso / scrivere(쓰다) → scritto / mettere(놓다) → messo.

위의 단어들 중 몇 개를 선택해서 '직설법 근과거' 형태의 예를 들어보겠습니다.

① Chi ha aperto la finestra? 누가 창문을 열었니?

② Ieri ho bevuto troppo. 나는 어제 술을 너무 마셨다.

③ Marco è sceso dal treno. Marco는 기차에서 내렸다.

④ Anna è nata a Milano. Anna는 밀라노에서 태어났다.

Essere냐, avere냐?

조금 전 ①~④의 예문을 살펴보면 ①과 ②는 avere 동사를 보조동사로, ③과 ④는 essere 동사를 보조동사로 사용하고 있음을 알 수 있습니다. 이제 좀 더 자세하게 avere 동사를 '보조동사'로 취하는 경우와 essere 동사를 '보조동사'로 취하는 경우를 살펴보도록 합시다.

① Ieri Mario ha cambiato casa.
　어제 Mario는 집을 바꿨다.
　Ieri Roberta ha perduto la chiave.
　어제 Roberta는 열쇠를 잃어버렸다.

② Ieri Marco è andato a Roma.
　어제 마르코는 로마에 갔다.
　Ieri Roberta è andata a Milano.
　어제 로베르타는 밀라노에 갔다.
　Ieri questi ragazzi sono andati in pizzeria.
　어제 이 소년들은 피자집에 갔다.

Ieri quest**e** ragazz**e** **sono andate** in biblioteca.

어제 이 소녀들은 도서관에 갔다.

위 문장에서 여러분은 차이점을 발견하실 수 있을 것입니다. 즉, ①의 경우처럼 avere 동사를 보조동사로 취하는 경우에 약간의 예외적인 경우(➡ '직설법 근과거' 유머 코너 참고)를 제외하고 '과거분사' 어미 형태(-o)는 변화하지 않습니다. 하지만 ②의 경우처럼 **essere 동사를 보조동사로 취하는 경우**는 '**주어의 성(性)과 수(數)**'에 **과거분사의 형태를 일치**시켜야합니다(-o, -i, -a, -e). 즉 주어가 '남성 단수'이면 **-o**, '여성 단수'이면 **-a**, '남성 복수' 또는 '남녀'가 섞여 있을 경우에는 **-i**, '여성 복수'일 경우에는 **-e**가 됩니다. 여러분은 명사 편에서 공부한 명사의 성수 변화와 일치한다는 것을 이미 아셨을 것입니다.

이제 어느 경우에 avere 동사를 또는 essere 동사를 보조 동사로 사용하는 지 알아봅시다.

1) avere 동사를 보조 동사로 사용하는 경우는 다음과 같습니다.

① 직접 목적보어를 필요로 하는 타동사 : comprare ～을 구입하다, cambiare ～을 바꾸다, dare ～을 주다, vendere ～을 팔다 등.

② 자동사 중에서 '직접 목적보어의 의미를 포함'하고 있는 동사로, 일반적으로 '간접 목적보어'만을 필요로 하는 동사 : dormire 잠을 자다, ridere 웃음을 웃다, sorridere 미소를 짓다, piangere 울음을 울다, cenare 저녁을 먹다, passeggiare 산책을 하다. camminare 걸음을 걷다, viaggiare 여행을 하다, parlare 말을 하다, telefonare 전화를 하다 등.

2) **essere 동사를 보조동사**로 취하는 경우는 대부분 자동사의 경우로
   다음과 같습니다.

  ① 자동사 중에서 왕래발착을 나타내는 동사 : andare 가다,
     venire 오다, partire 출발하다, arrivare 도착하다,
     entrare 들어가다, uscire 외출하다, salire 올라가다,
     scendere 내려가다, tornare 돌아오다...

  ② 장소상태 동사 : rimanere 머무르다, stare 머무르다,
     restare 남다.

  ③ 변화를 나타내는 자동사 : nascere 태어나다(존재하지 않
     던 것이 생겨나다), morire 죽다(살아있던 것이 생명을 잃
     다), crescere 성장하다, diventare -이 되다, invecchiare
     늙다 등.

  ④ 재귀 동사의 복합시제 : Maria si **è** lavat**a**. 마리아는 몸을
     씻었다.

과거분사 형태는 주어의 성수와 반드시 **성수일치**를 시켜야 합
니다.

> 🔵＊ 위의 경우 이외에 수동의 si 형태에서도 복합시제에서는 essere 동사를 보
> 조동사로 취합니다(➡제 17과 수동태 참고).

이제 여러분께서 [듣기 94]와 [듣기 95]를 다시 살펴보시면
직설법 근과거 형태를 이해하실 수 있으리라 생각합니다.

다음은 문장에 따라서 avere와 essere 동사를 '모두' 취할 수
있는 동사들입니다. 타동사로 사용될 경우에는 avere동사를 보
조동사로, 자동사로 사용될 경우에는 essere동사를 보조동사로
취합니다.

① **Bruciare(～을 태우다, 타다)**

   Ho bruciato la mia foto. 나는 내 사진을 태웠다. (타동사)
   Il palazzo **è bruciato**. 건물이 불탔다. (자동사)

② Guarire(~을 치료하다, 낫다)

Il medico **ha guarito** il malato.

의사는 환자를 치료했다. (타동사)

Il malato **è guarito**. 환가가 회복되었다. (자동사)

③ Passare(~을 지나가다, 지나가다)

Abbiamo passato una situazione difficile.

우리는 어려운 상황을 보냈다. (타동사)

Il tempo **è passato**. 시간이 지났다. (자동사)

④ Finire(~을 끝내다. 끝나다)

Abbiamo finito il nostro lavoro.

우리는 우리의 일을 끝냈다. (타동사)

La lezione **è finita**. 수업이 끝났다. (자동사)

⑤ Cominciare(~을 시작하다, 시작하다)

Ho cominciato un nuovo lavoro.

나는 새로운 일을 시작했다. (타동사)

L'altro ieri la scuola **è cominciata**.

그저께 학교가 시작되었다. (자동사)

다음은 essere 또는 avere 동사를 모두 사용하더라도 뜻이 변하지 않는 동사입니다. 굳이 차이를 말하자면, essere동사를 사용하는 경우는 사건이 이미 끝났다는 의미에 중점을 두는 반면에, avere 동사를 사용하는 경우는 사건이 전개되었다는 의미에 중점을 둔 것입니다.

① 기후를 나타내는 동사

È piovuto. ＝Ha piovuto. 비가 왔다.

È nevicato. ＝Ha nevicato. 눈이 왔다.

È grandinato. ＝Ha grandinato. 우박이 내렸다.

예 Stanotte **è piovuto**. 오늘 밤에 비가 왔다.

Ha piovuto tutta la notte. 밤새도록 비가 왔다.

② **Vivere**(살다)

Sono vissuto a Milano per molti anni.

나는 오랫동안 밀라노에서 살았다. (자동사)

Ho vissuto a Milano per molti anni.

나는 오랫동안 밀라노에 살았다. (타동사)

조동사(volere, potere, dovere)가 있을 경우에는 **조동사 다음에 오는 동사**에 따릅니다.

①			
	voluto		마리오는 외출하고 싶었다.
Mario è	potuto	**uscire**.	마리오는 외출할 수 있었다.
	dovuto		마리오는 외출해야만 했다.

②			
	voluta		안나는 연주회에 가고 싶었다.
Anna è	potuta	**andare** al concerto.	안나는 연주회에 갈 수 있었다.
	dovuta		안나는 연주회에 가야만 했다.

③			
	voluto		마리오는 신문 읽기를 원했다.
Mario ha	potuto	**leggere** il giornale.	마리오는 신문을 읽을 수 있었다.
	dovuto		마리오는 신문을 읽어야만 했다.

위의 문장에서 ①과 ②는 조동사 뒤에 '왕래발착 동사' (uscire 외출하다, andare 가다)가 왔기 때문에 essere 동사를 보조동사로 사용했으며, ③의 경우는 조동사 뒤에 타동사(leggere ～을 읽다)가 왔기 때문에 avere 동사를 보조동사로 사용했음을 알 수 있습니다.

복합시제에 있어서 재귀대명사가 동사 앞에 위치할 경우에 보조 동사는 항상 essere를 사용합니다. 하지만 재귀 대명사가 동사원형 뒤에 사용될 경우는 보조 동사로 avere 동사를 사용합니다.

Maria **si è dovuta vestire** in fretta.

Maria **ha dovuto vestirsi** in fretta.

Maria는 서둘러 옷을 입어야만 했다.

이탈리아어 문법에서 '직설법 근과거' 시제는 매우 중요합니다. 왜냐하면 위에서 학습한 내용의 원칙들, 그 중에서도 **essere** 동사를 보조동사로 취할 경우에 주어의 성(性)·수(數)따라 과거분사의 형태가 변하는 것과 어느 경우에 **avere** 동사를 취하고, 어느 경우에 **essere** 동사를 보조동사로 취하는 가에 관한 원칙은 직설법의 다른 복합시제들에서 뿐만 아니라 조건법, 접속법 등 다른 법들의 복합시제에서도 그대로 적용이 되기 때문입니다.

밑줄 친 부분의 법과 시제에 주의하여 다음 문장을 우리말로 해석하시오.

1. a) Di solito Massimo <u>finisce</u> il suo lavoro presto la sera.
   b) Ieri sera Massimo <u>ha finito</u> il suo lavoro a mezzanotte.
2. a) Mariella <u>va</u> a scuola ogni giorno.
   b) Ieri Mariella non <u>è andata</u> a scuola.
3. a) Oggi Mario <u>va</u> alla stazione per comprare i biglietti.
   b) Ieri Mario <u>è andato</u> alla stazione per comprare i biglietti.
4. a) Oggi questi ragazzi <u>escono</u> con gli amici.
   b) Ieri questi ragazzi <u>sono usciti</u> con gli amici.
5. a) Oggi queste ragazze <u>escono</u> con i loro genitori.
   b) Ieri queste ragazze <u>sono uscite</u> con i loro genitori.

 1. a) 보통 Massimo는 저녁 일찍 그의 일을 끝낸다.
   b) 어제 저녁에 Massino는 자정에 그의 일을 끝냈다.
2. a) Mariella는 매일 학교에 간다.
   b) 오늘 Mariella는 학교에 가지 않았다.
3. a) 어는 Mario는 표를 사기 위해 역에 간다.
   b) 어제 Mario는 표를 사기 위해 역에 갔다.
4. a) 오늘 이 소년들은 친구들과 외출한다.
   b) 어제 이 소년들은 친구들과 외출했다.
5. a) 오늘 이 소녀들은 그들의 부모와 외출했다.
   b) 어제 이 소녀들은 그들의 부모와 외출했다.

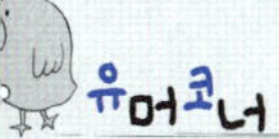

유머코너

사탕

엄마가 아이에게 말합니다.

Mamma : Hai mangiato tutte le caramelle. 너 사탕 다 먹었구나.

사탕을 쳐다보지도 말라고 했잖아.

아이가 말합니다.

Bambino : 맞아요, 엄마,

Non ho neanche guardato le caramelle.

저는 사탕을 쳐다보지도 않았어요.

Ho mangiato tutte le caramelle a occhi chiusi.

저는 사탕을 눈감고 다 먹었는걸요.

위의 마지막 문장은 직접목적대명사를 사용해서 표현할 수 있습니다. le caramelle는 여성 복수이기 때문에 여성 복수를 받는 직접목적대명사 le를 사용해서 "le ho mangiate tutte a occhi chiusi."로 바꾸어 말할 수 있습니다. 이 경우에 **매우 중요한 사항**은 '복합시제'(직설법 근과거, 직설법 대과거, 조건법 과거 등 essere 또는 avere 동사를 보조동사로 사용하는 시제)의 과거분사의 형태가 앞에 나온 **직접목적대명사의 성(性)과 수(數)에 일치해야** 한다는 점에 주의해야 합니다. 아래 예문을 주의 깊게 살펴보시기 바랍니다.

[듣기 96]

① Hai mangiato tutto il gelato? / Sì, l'ho mangiato tutto.

（lo ho ➡ l'ho 모음 축약）

너는 아이스크림을 전부 먹었니? / 응, 나는 그것을 다 먹었어.

② Hai mangiato tutta la tort**a**? / Sì, **l'**ho mangiat**a** tutta.

(**la** ho → **l'**ho 모음 축약)

너는 케이크를 전부 먹었니? / 응, 나는 그것을 다 먹었어.

③ Hai mangiato tutti gli spaghett**i**? / Sì, **li** ho mangiat**i** tutti.

(복수형은 축약하지 않음)

너는 스파게티를 전부 먹었니? / 응, 나는 그것을 다 먹었어.

④ Hai mangiato tutte le caramell**e**? / Sì, **le** ho mangiat**e** tutte.

(복수형은 축약하지 않음)

너는 사탕을 전부 먹었니? / 응, 나는 그것을 다 먹었어.

* 전부(모두) 먹지 않고 **일부분**만 먹었을 경우에는 **ne**를 사용해야 하며, 주로 동사의 뒤에 일부분 또는 수량을 나타내는 품사(molto, poco, uno, due…)가 등장합니다. 마찬가지로 명사와 과거분사는 성수일치가 되어야 합니다.

예 Hai mangiato tutte le caramell**e**? No, **'ne** ho mangiat**e due**. 아니, 두개 먹었어.

글쓰기 과제

선생님께서 학생들에게 글쓰기 과제를 주었다.

Maestro : 오늘의 글쓰기 테마는 '1700년대의 소설가들(gli scrittori)' 입니다."
　　　　　한 학생이 골똘히 주제에 대해 생각한다.
Studente : '1700년대 소설가들' 이라… 글세… 그렇지, 바로 그거야,
　　　　　Loro sono tutti morti! 그들은 모두 죽었다.

11.3. 직설법 반과거(비완료과거, Indicativo passato imperfetto)

[듣기 97]

① Mentre mangiavo, guardavo la TV.

나는 식사를 하면서 텔레비전을 보았다.

우리는 조금 전 11.2.에서 '직설법 근과거'를 살펴보았습니다. 이번 과에서는 '직설법 반과거'에 대해 알아보도록 하겠습니다. 위 문장에서 동사의 형태인 mangiavo, guardavo, andava, facevamo라는 새로운 동사 형태를 볼 수 있습니다. 이처럼 동사의 어미 부분이 -vo, -va, -vamo 등의 형태를 취하는 형태가 '직설법 반과거' 시제입니다. '반과거'는 이탈리아어로 'il passato imperfetto'라고 하는데 형용사 imperfetto(불완전한)라는 단어의 뜻에서도 알 수 있듯이 완벽하게 끝나지 않은 '불완전한 과거, 완벽하지 않은 과거'라는 뜻입니다.

(1) 우선 **직설법 반과거의 규칙 형태**를 살펴봅시다. Essere 동사의 반과거 형태는 불규칙 형태이지만 avere 동사와 함께 암기할 수 있도록 같이 배치했습니다.

	essere	avere	-are	-ere	-ire
			andare	vedere	aprire
Io	ero	avevo	andavo	vedevo	aprivo
Tu	eri	avevi	andavi	vedevi	aprivi
Lui,Lei	era	aveva	andava	vedeva	apriva
Noi	eravamo	avevamo	andavamo	vedevamo	aprivamo
Voi	eravate	avevate	andavate	vedevate	aprivate
Loro	erano	avevano	andavano	vedevano	aprivano

　　essere 동사를 제외하고 1군 동사에서 3군 동사까지의 직설법 반과거 형태는 다행히도 불규칙이 많지 않습니다. 다음은 대표적인 직설법 반과거의 불규칙 형태를 지닌 동사입니다.

	-are	-ere	-ire
	fare	bere	dire
Io	facevo	bevevo	dicevo
Tu	facevi	bevevi	dicevi
Lui,Lei	faceva	beveva	diceva
Noi	facevamo	bevevamo	dicevamo
Voi	facevate	bevevate	dicevate
Loro	facevano	bevevano	dicevano

(2) 다음은 **직설법 반과거의 용도**를 알아봅시다.

1) [듣기 97]의 예문에서 ①에 해당하는 경우로, 과거에 서로 다른 동작이 동시에 발생하였을 때 사용합니다.
　 Mentre Marco **studiava**, Paolo **dormiva**.
　 Marco가 공부하고 있었을 때, 빠올로는 잠자고 있었다.
　 Mentre Franca **cenava**, **ascoltava** la radio.
　 Franca는 저녁 식사를 하면서 라디오를 들었다.

2) [듣기 97]의 예문에서 ②에 해당하는 경우로, 과거의 습관적인 행동의 반복에 사용합니다.
　 Tutti i giorni **bevevo** un litro di latte.
　 매일 나는 우유를 1리터씩 마시곤 했다.
　 L'anno scorso **andavamo** in piscina tre volte alla settimana.
　 작년에 우리들은 일주일에 세 번씩 수영장에 가곤 했다.

3) 신체적, 심리적 상태를 묘사할 때 사용합니다.

Stamattina **stavo** male.

오늘 아침에 나는 몸 상태가 좋지 않았다.

Da bambino **portavo** gli occhiali.

어려서부터 나는 안경을 썼다.

4) 이야기의 첫 부분에 사용합니다.

C'**era** una volta un re e una regina...

옛날 옛날에 왕과 왕비가 살고 있었는데...

5) 직설법 현재 대신에 구어체에서 사용하여 '공손함'을 나타냅니다.

Buon giorno, **volevo** due bottiglie d'acqua minerale.

안녕하세요. 생수 두 병을 원합니다.

이러한 용도로 사용되는 직설법 반과거를 '유연적 반과거', 즉 '부드러운 반과거'라고 합니다. 특히 'volere – 원하다'의 직설법 현재 대신에 사용합니다. 그러므로 'voglio' 대신에 'volevo', 또는 'vorrei(조건법 현재 형태)'를 사용하시는 것이 더 좋습니다.

그렇다면 **두 가지 사건이 동시에 발생한 것이 아닐 경우**에는 어떻게 표현하는지 알아봅시다. [듣기 97]의 예문에서 ③에 해당하는 경우로 다음 예문을 보면서 설명 드리겠습니다.

Mentre **facevo** cena, Paolo mi **ha chiamato**.

내가 저녁 식사를 하고 있었을 때, 빠올로가 나를 불렀다.

이러한 경우에는 먼저 발생해서 진행 중인 '식사를 하고 있었던' 사건은 '반과거' facevo로, 나중에 'Paolo가 나를 불렀던'

사건은 '근과거' ha chiamato로 표시합니다. 특히 내가 식사를 하고 있었던 행동은 '진행 중'이었던 과거이기 때문에, 내가 식사하는 것을 다 끝내고 빠올로와 외출했는지 아니면 식사를 다 하지 않았는지 그 결과는 정확히 알 수 없겠지요. 하지만 '빠올로가 나를 불렀던 사건'은 완전히 끝난 하나의 사건입니다. 그래서 근과거는 '완전과거(passato perfetto)'라고 하는 반면에 반과거는 '불완전 과거(passato imperfetto)' 또는 '비완료 과거'라고 하는 것입니다.

다음의 경우는 두 가지 사건이 동시에 발생한 것이 아니라, 한 사건 또는 동작이 완결 된 후 다른 사건 또는 행위가 발생한 경우입니다. 이 경우에는 모두 근과거를 사용합니다.

(Io) **sono stato(a)** alla stazione, **ho comprato** i biglietti e **sono partito(a)** per Milano.
나는 역에 갔고, 티켓을 구입했고, 그리고는 밀라노를 향해 출발했다.

이 문장에서 내가 '남자'라면 과거분사의 형태가 'stat**o**, partit**o**'이고, '여자'라면 'stat**a**'이고 'partit**a**'이지요. Essere 동사를 보조동사로 사용하는 경우 **주어의 성(性)과 수(數)에 과거분사의 형태를 일치**시키는 것은 여러 번 말씀드리지만 매우 중요합니다.

밑줄 친 부분의 법과 시제에 주의하여 다음 문장을 우리말로 해석하시오.

> 1. Mentre parlavo con Mario, è arrivata Anna.
> 2. L'anno scorso andavo in biblioteca ogni domenica.
> 3. Ieri Maria era molto stanca, perché ha studiato fino a tardi.
> 4. Volevo comprare due penne.
> 5. Maria è partita la mattina presto ed è arrivata a Roma verso mezzogiorno.

1. 내가 마리오와 말하고 있었을 때, 안나가 도착했다.
2. 작년에 나는 일요일마다 도서관에 가곤 했다.
3. 어제 Maria는 매우 피곤했다. 왜냐하면 늦게까지 공부를 했기 때문이다.
4. 저는 펜 두 개를 구입하고 싶습니다.
5. 마리아는 아침 일찍 출발해서 정오경에 로마에 도착했다.

○ Ci의 용도

1. 인칭대명사

   직접대명사 : Mario **ci** accompagna con la sua macchina.

   　　　　　　마리오는 그의 자동차로 우리를 데려다 준다.

   간접대명사 : Anna **ci** ha telefonato poco fa.

   　　　　　　안나가 조금 전에 우리에게 전화했다.

   재귀대명사 : **Ci** siamo divertiti molto.

   　　　　　　우리는 서로 매우 재미있게 놀았다.

2. 장소부사

   Sei stato in Italia? 너는 이탈리아에 가 본적이 있니?

   Sì, **ci** sono stato l'anno scorso.

   응, 나는 작년에 그 곳에 갔었어.

3. 지시 : È stata una bellissima vacanza : **ci** penso spesso.

   　　　　매우 멋있는 휴가였다. 나는 그것에 대해 종종 생각한다.

4. Ci vuole = È necessario/a.

   Ci vuole un'ora e mezzo da Milano a Bologna.

   밀라노에서 볼로냐까지는 1시간 30분이 걸린다.

Ci vogliono = Sono necessari/e.

Ci vogliono due ore da Roma a Napoli.

로마에서 나폴리까지는 2시간이 <u>걸린다</u>.

✷ Ci vuole는 '～이 필요하다, 시간이 걸리다' 라는 표현으로, 뒤에 복수가 나올 경우에는 ci vogliono로 바뀝니다.

11.4. 직설법 대과거(Indicativo trapassato prossimo)

직설법 대과거는 이미 과거에 발생했던 사건보다 그 이전에 발생했었던 사건을 나타내기 위해 사용합니다.

[듣기 98]

Roberta, perché sei ritornata a casa di nuovo?
로베르따, 너는 왜 집으로 다시 돌아왔니?

Mario : Roberta, perché sei ritornata a casa di nuovo, invece di andare a Milano?
로베르따, 왜 너는 밀라노에 가지 않고 집으로 다시 돌아왔니?

Roberta : Perché ho perso il treno per Milano.
밀라노행 기차를 놓쳤기 때문이야.
Quando sono arrivata alla stazione, il treno **era** già **partito**.
내가 역에 도착했을 때, 기차는 이미 떠났었어.

위의 내용 중에서 Roberta의 대답인 "Quando sono arrivata alla stazione, il treno **era** già **partito**."에 '직설법 대과거 형

태' (era partito)가 들어 있습니다. 이 문장을 살펴보면, 로베르따가 역에 도착한 사건도 과거이지만, 기차가 출발한 것은 로베르따가 역에 도착한 것보다도 '더 이전의 사건' 임을 알 수 있습니다.

과거 ◀ ┈┈┈┈┈┈┈┈┈■┈┈┈┈┈┈┈┈┈■┈┈┈┈┈┈┈┈┈■┈┈▶

기차 이미 출발　　　역에 도착　　　**현재**
(대과거)　　　(근과거)
il treno era già partito　　quando sono arrivata

바로 이와 같은 경우에 직설법 대과거를 사용합니다.

또 다른 예를 봅시다.

Ieri ho risposto alla lettera che **avevo ricevuto** l'altro ieri.
나는 그저께 받은 편지에 대해 어제 답장을 했다.

위의 문장에서 편지를 받은 것은 '그저께(l'altro ieri)' 이고, 편지에 답장을 한 것은 '어제(ieri)' 이므로, 편지를 받은 것은 직설법 '대과거(avevo ricevuto)' 로, 편지에 답장을 한 것은 직설법 '근과거(ho risposto)' 로 표현한 것입니다.

상기한 예문들에서 보았듯이 '직설법 대과거' 형태는 다음과 같습니다.

직설법 대과거 형태

Essere
혹은　　　직설법 반과거＋과거분사(p.p.)
Avere

직설법 대과거 용도

① 이미 과거에 발생했던 사건보다 그 이전에 발생했었던 사건을 나타내기 위해 사용합니다.

Quando mi hai telefonato, **ero** già **uscito** di casa.
네가 나에게 전화했을 때, 나는 이미 집에서 나왔었다.

② ha detto che(~라고 말했다) 로 시작하는 간접화법에서 많이 사용됩니다.

Massimo **ha detto che** non **aveva visto** quel film.
마시모는 그 영화를 보지 않았다고 말했다.

밑줄 친 부분의 법과 시제에 주의하여 다음 문장을 우리말로 해석하시오.

1. Maria ha preparato il pesce che <u>aveva comprato</u>.
2. Abbiamo comprato quel libro che <u>avevamo visto</u> in libreria.
3. I miei amici non sono andati a lezione perché si <u>erano alzati</u> tardi.
4. Anna ha detto che era stanca perché <u>aveva studiato</u> troppo.
5. Quando sono entrato, il film <u>era</u> già <u>cominciato</u>.

1. 마리아는 구입한 물고기를 준비했다.
2. 우리는 서점에서 보았던 그 책을 구입했다.
3. 네 친구들은 늦게 일어났기 때문에 수업에 가지 않았다.
4. 안나는 공부를 너무했기 때문에 피곤했다고 말했다.
5. 내가 들어갔을 때, 영화는 이미 시작했었다.

‘직설법 원과거(遠過去)’는 직설법 근과거와 마찬가지로 과거에 완전히 끝난 사건을 나타낼 때 사용합니다. 직설법 근과거와의 ‘**차이점**’은 **시간적 차이**도 존재하지만, 그 보다는 심리적인 측면에서 **현재와의 관련성**과 깊은 관련을 지니고 있습니다. 즉, ‘**직설법 근과거**’는 가까운 과거의 사건이나 행동이 **현재와 관련이 있는 경우**에 사용하며, ‘**직설법 원과거**’는 **현재와 관련성이 없는 경우**에 사용합니다.

다음 예문을 통하여 ‘직설법 근과거’와 ‘직설법 원과거’ 그리고 ‘직설법 반과거’의 차이점을 살펴보도록 하겠습니다.

① **Ieri**, a Milano **ho mangiato** un risotto buonissimo.
(**직설법 근과거**)

나는 어제 Milano에서 아주 맛있는 리조토를 먹었다.

Tre anni fa, a Milano **ho mangiato** un risotto buonissimo.
(**직설법 근과거**)

나는 3년 전에 Milano에서 아주 맛있는 리조토를 먹었다.

② **Tre anni fa**, a Milano **mangiai** un risotto buonissimo.
(**직설법 원과거**)

나는 3년 전에 Milano에서 아주 맛있는 리조토를 먹었다.

③ **L'anno scorso**, a Milano **mangiavo** risotto ogni giorno.
(**직설법 반과거**)

나는 작년에 Milano에서 아주 맛있는 리조토를 매일 먹었다.

①의 경우인 ‘직설법 근과거’ 표현은 시간적으로 가깝든(ieri: 어제), 멀든(Tre anni fa: 3년 전) 현재와 관련성이 있는 경우에 사용합니다. 즉, 이 두 문장에는 예를 들어 ‘밀라노에서 먹었던 리조토가 자꾸 생각이 나서 하루에 한 번씩 먹는다든가’, 아니면 ‘리조토 요리를 배우고 있다든가’ 등의 의미가 숨어 있다고 생각하면 됩니다.

　반면에 ②의 경우인 '직설법 원과거' 표현은 시간적인 측면에서 뿐만 아니라 현재와의 관련성 측면에서도 현재와 관련이 없는 과거의 사건일 뿐임을 표현합니다.

　③의 경우는 과거에 반복적으로 지속된 사건을 표현합니다.

　'직설법 원과거' 는 '문어체' 에서 많이 사용됩니다. '구어체' 로는 이탈리아의 여러 지역에 따라서 많은 차이를 보이고 있습니다. 북부지역에서는 구어체에서 '직설법 원과거' 형태를 사용하지 않습니다. 그 대신에 시간적으로도 멀고, 현재와 관련성이 없는 경우에도 '직설법 근과거' 를 사용합니다.

　이탈리아 중부 지역과 남부 지역에서는 '직설법 원과거' 를 여전히 사용하고 있습니다.

　우선, '직설법 원과거의 형태' 를 살펴보도록 하겠습니다. '직설법 원과거의 형태' 는 동사 하나의 형태가 완전한 법과 시제를 나타내는 '단순시제' 입니다. 이곳에서는 간단하게 몇몇 형태만 살펴보겠습니다.

직설법 원과거 규칙 형태

	-are	-ere	-ire
	Andare	Potere	Finire
(Io)	andai	potei	finii
(Tu)	andasti	potesti	finisti
(Lui, Lei)	andò	potè	finì
(Noi)	andammo	potemmo	finimmo
(Voi)	andaste	poteste	finiste
(Loro)	andarono	poterono	finirono

　직설법 원과거 형태의 불규칙 형태는 동사에 따라 매우 다양하게 변화합니다. 다음은 대표적인 몇 가지 예입니다.

직설법 원과거 불규칙 형태

	Essere	Avere	-are	-ere	-ire
			Fare	Nascere	Dire
(Io)	fui	ebbi	feci	nacqui	dissi
(Tu)	fosti	avesti	facesti	nascesti	dicesti
(Lui, Lei)	fu	ebbe	fece	nacque	disse
(Noi)	fummo	avemmo	facemmo	nascemmo	dicemmo
(Voi)	foste	aveste	faceste	nasceste	diceste
(Loro)	furono	ebbero	fecero	nacquero	dissero

예 Dante Alighieri **scrisse** numerose opere.

단테 알리기에리는 많은 작품을 저술했다.

Dante Alighieri **nacque** nel 1265.

단테 알리기에리는 1265년에 태어났다.

11.6. 직설법 선립과거(Indicativo trapassato remoto)

'직설법 선립과거'는 현대 이탈리아어에서는 거의 사용되지 않습니다. 현대 이탈리아어에서는 '직설법 대과거'로 과거보다 더 이전에 발생한 사건을 나타냅니다.

직설법 선립과거의 형태는 다음과 같습니다.

직설법 선립과거 형태

Essere
혹은   직설법 원과거＋과거분사(p.p.)
Avere

Mario uscì dopo che **ebbe finito** il suo studio.

마리오는 그의 공부를 끝낸 **후에** 외출했다. (직설법 선립과거)

과거 ◀-------------------------■-------------------■-------------------■
　　　　　　　ebbe finito　　　　uscì　　　　　　**현재**
　　　　　　（선립과거）　　　（원과거）

'직설법 선립과거'를 사용할 경우에 문장은 반드시 주절이 '직설법 원과거' 이어야 하며, **시간부사**(quando, dopo che, finché, appena..)에 의해 이끌어져야 합니다. 그렇지 않은 경우에는 직설법 대과거를 사용합니다.

Mario uscì <u>dopo che</u> **ebbe finito** il suo studio.

마리오는 그의 공부를 끝낸 **후에** 외출했다. (직설법 선립과거)

Mario uscì <u>perché</u> **aveva finito** il suo studio.

마리오는 그의 공부를 끝냈기 **때문에** 외출했다. (직설법 대과거)

11.7. 직설법 단순미래(Indicativo futuro semplice)

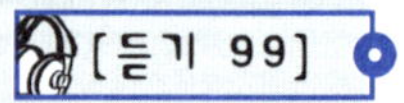
[듣기 99]

Che cosa farai dopo la laurea?

너는 대학 졸업 후에 무엇을 할 거니?

Mario : Anna, che cosa **farai** dopo la laurea?

안나, 너는 대학 졸업 후에 무엇을 할 거니?

Anna : **Andrò** in Italia per studiare la moda.

나는 패션(fashion)을 공부하기 위하여 이탈리아에 갈 거야.

Quando **sarò arrivata** in Italia, **farò** l'iscrizione alla scuola di moda.

나는 이탈리아에 도착하자마자, 패션 스쿨에 등록을 할 거야.

E tu? 그런데 너는?

Mario : Dopo che **avrò finito** di studiare, **farò** un giro del mondo.

나는 공부를 마친 후에, 세계 여행을 할 거야.

Così **conoscerò** le diverse culture del mondo.

그럼 세계의 다양한 문화를 알게 될 거야.

위 대화문에서 andrò(원형: andare), sarò arrivata(원형: arrivare), avrò finitò(원형: finire), farò(원형: fare), conoscerò(원형: conoscere)가 '직설법 미래'의 형태입니다.

이번 과에서는 직설법 '단순미래'와 '선립미래'를 학습해 봅시다. '단순미래'는 앞으로 일어날 동작이나 상태를 나타낼 때 사용하며, '선립미래' 또한 미래에 일어날 일을 나타낼 때 사용하나, 단순미래 동작 보다 먼저 일어나 완료될 동작을 나타낼 때 사용합니다.

먼저 '직설법 단순미래'의 **형태**를 살펴봅시다. 위의 [듣기 99] 대화문에서 andrò, farò, conoscerò 가 '직설법 단순미래 형태'입니다.

직설법 단순미래 형태

1군 동사(-are)와 2군 동사(-ere)의 경우는 어미 부분의 변화형

태가 동일(-erò, -erai, -erà, eremo, -erete, -eranno) 합니다. 3
군 동사(-ire)의 경우는 (-irò, -irai, -irà, iremo, -irete, -iranno)
로 변합니다. **주의할 점**은 1인칭 단수와 3인칭 단수의 경우, 마
지막 모음에 반드시 **악센트**(-ò, à)를 붙여야 한다는 것입니다.

	essere	avere	-are	-ere	-ire
			parlare	scrivere	dormire
(Io)	sarò	avrò	parlerò	scriverò	dormirò
(Tu)	sarai	avrai	parlerai	scriverai	dormirai
(Lui,Lei)	sarà	avrà	parlerà	scriverà	dormirà
(Noi)	saremo	avremo	parleremo	scriveremo	dormiremo
(Voi)	sarete	avrete	parlerete	scriverete	dormirete
(Loro)	saranno	avranno	parleranno	scriveranno	dormiranno

우선 다음 세 개의 문장을 통하여 '직설법 현재', '직설법 근
과거' 그리고 이번 과에서 학습할 '직설법 단순미래' 형태의 차
이점을 살펴보시기 바랍니다.

Ieri   Mario <u>è stato</u> a Roma.   (직설법 **근과거**)
어제 마리오는 로마에 있었다.

Oggi   Mario <u>è</u> a Roma.   (직설법 **현재**)
오늘 마리오는 로마에 있다.

Domani   Mario <u>sarà</u> a Roma.   (직설법 **단순미래**)
내일 마리오는 로마에 있을 것이다.

동사들에 따라 불규칙한 '직설법 단순미래' 형태를 갖는 경우
가 있습니다. 대표적인 것들은 다음과 같습니다.

○ **Venire** a casa. 집에 **오다**.
(io) verrò, (tu) verrai, (lui, lei, Lei) verrà, (noi) verremo,

(voi) verrete, (loro) verranno a casa.

○ **Dovere** fare il lavoro. 일을 **해야만 한다.**

(io) dovrò, (tu), dovrai, (lui, lei, Lei) dovrà, (noi) dovremo, (voi) dovrete, (loro) dovranno fare il lavoro.

이 외에도 andare(가다), bere(마시다), dire(말하다), potere(할 수 있다), rimanere(머무르다), sapere(알다), volere(원하다) 등이 있습니다.

밑줄 친 부분의 법과 시제에 주의하여 다음 문장을 우리말로 해석하시오.

> 1. Con te <u>partirò</u>.
> 2. Mario <u>arriverà</u> la prossima settimana.
> 3. Loro <u>saranno</u> liberi domani.
> 4. <u>Sarò</u> a Roma domani.
> 5. Fra una settimana <u>andrò</u> in Italia.

 1. 나는 너와 함께 떠날 것이다.
2. Mario는 다음 주에 도착할 것이다.
3. 그들은 내일 시간이 있을 것이다.
4. 나는 내일 로마에 있을 것이다.
5. 일주일 후에 나는 이탈리아에 갈 것이다.

11.8. 직설법 선립미래(Indicativo futuro anteriore)

다음은 '직설법 선립미래'에 관해 살펴보겠습니다. 위에 제시한 [듣기 99] 대화문에서 sarò arrivata, avrò finito 형태가 '직설법 선립미래' 입니다.

‘직설법 선립미래’는 미래에 일어나는 두 가지 사건 또는 행위 중에 먼저 일어나는 미래를 나타내기 위해 사용합니다. ‘직설법 선립미래’에 대해 좀 더 자세히 설명하고자 또 하나의 예문을 들어봅니다.

Cosa farai questa domenica?

너는 이번 일요일에 무엇을 할 거니?

Francesco : Anna, cosa farai questa domenica?

안나, 너는 이번 일요일에 무엇을 할거니?

Anna : Andrò al mare con i miei amici.

나는 친구들과 바다에 갈 거야.

Francesco : Cosa vuoi fare per primo al mare?

바다에서 제일 먼저 무엇을 하고 싶니?

Anna : Quando **sarò arrivata** al mare, **prenderò** il sole.

나는 바다에 도착하자마자, 일광욕을 하고 싶어.

위 대화문에서 sarò arrivata의 형태가 ‘직설법 선립미래’ 형태입니다.

위 대화문에서 ‘바다에 도착하는 행동’과 ‘일광욕을 하는 행동’ 중에 먼저 일어나는 행동이 뭐지요? 예, 물론 바다에 도착하는 것이지요. 즉, 미래에 일어날 행동 중에서, 먼저 일어날 행동에는 ‘선립미래’를 그리고 나중에 일어날 행동에는 ‘단순미래’를 사용합니다.

현재   바다에 도착   일광욕   미래

(선립미래)   (단순미래)

sarò arrivata   prenderò

'직설법 선립미래' 형태는 'essere 동사 또는 avere 동사의 직설법 단순미래+과거분사' 입니다. Essere 동사를 취하느냐 아니면 avere 동사를 취하느냐 하는 것은 직설법 근과거와 동일합니다. 마찬가지로 avere 동사를 보조동사로 취할 경우, 과거분사의 형태는 변하지 않지만, essere 동사를 취하는 경우는 주어의 성수와 일치시켜야 합니다. → 11.2. 직설법 근과거 참고.)

직설법 복합(선립) 미래 형태

Essere
혹은   직설법 단순미래+과거분사(p.p.)
Avere

직설법 복합(선립)미래 용도

1) 앞서 언급했듯이 미래에 일어나는 두 가지 사건 또는 행위 중에 먼저 일어나는 미래를 나타내기 위해 사용합니다.

Appena **saremo arrivati** a Venezia, prenderemo la gondola.

우리는 베네치아에 도착하자마자 곤돌라를 탈 것이다.

2) 이미 지나간 사건에 대한 의심을 나타낼 때 사용합니다.

Lui parla benissimo l'italiano: **Avrà vissuto** in Italia molti anni.

그는 이탈리아어를 매우 잘한다. 이탈리아에 오랫동안 살았었을 것이다.

밑줄 친 부분의 법과 시제에 주의하여 다음 문장을 우리말로 해석하시오.

1. Quando Marco <u>sarà tornato</u> a casa, <u>guarderà</u> la TV.
2. Appena Luisa <u>sarà arrivata</u> a Milano, <u>incontrerà</u> la sua amica.
3. Quando Roberto e Anna <u>saranno arrivati</u> in Italia, <u>prenderanno</u> un cappuccino.
4. Appena Maria e Francesca <u>saranno tornate</u> a casa, <u>faranno</u> cena.
5. Dopo che <u>avrò finito</u> la scuola, <u>cercherò</u> subito un lavoro.

 1. 마르코는 집에 돌아왔을 때, 텔레비전을 볼 것이다.
2. 루이자는 밀라노에 도착하자마자 친구를 만날 것이다.
3. 로베르토와 안나는 이탈리아에 도착한 후에 카푸치노를 마실 것이다.
4. 마리아와 프란체스카는 집에 돌아오자마자 저녁식사를 할 것이다.
5. 나는 학교를 졸업하자마자 즉시 일자리를 구할 것이다.

※ 과거분사의 형태에 주의하시기 바랍니다.

제 12 과

동사 2
조건법(Condizionale)

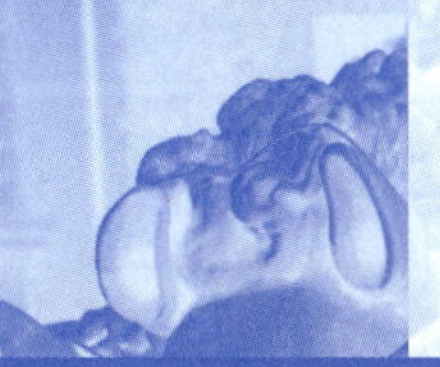

Che cosa vorresti prendere a quest'ora?

너는 지금 무엇을 마시고 싶니?

Mario : Anna, che cosa **vorresti** prendere a quest'ora?

안나, 너는 지금 무엇을 마시고 싶니?

Anna : **Vorrei** prendere un caffè. E tu, Mario?

난 커피 한 잔 하고 싶어. 마리오 너는?

Mario : **Avrei preso** un caffè anch'io, ma ho fame.

Così **prenderei** un bicchiere di latte caldo.

나도 커피를 마시고 싶어. 하지만 난 배가 고파.

그래서 따뜻한 우유를 한 잔 마시고 싶어.

위 대화문에 나온 vorresti(원형: volere), Vorrei(원형: volere), Avrei preso(원형: prendere), prendereri(원형: prendere)의 형태가 '조건법' 형태입니다.

이 중에서 vorresti, Vorrei, prendereri는 '조건법 현재 형태', Avrei preso는 '조건법 과거형태' 입니다.

먼저 '조건법 현재'에 대해 학습해 보겠습니다. **'조건법 현재'** 는 가능성을 표현 할 때, 정중한 방식으로 의견을 표현 할 때, 질문할 때, 요구 또는 의향을 표현할 때, 사용합니다.

12.1. 조건법 현재(Condizionale presente)

형태

	essere	avere	-are	-ere	-ire
			mangiare	prendere	finire
Io	sarei	avrei	mangerei	prenderei	finirei
Tu	saresti	avresti	mangeresti	prenderesti	finiresti
Lui, Lei	sarebbe	avrebbe	mangerebbe	prenderebbe	finirebbe
Noi	saremmo	avremmo	mangeremmo	prenderemmo	finiremmo
Voi	sareste	avreste	mangereste	prendereste	finireste
Loro	sarebbero	avrebbero	mangerebbero	prenderebbero	finirebbero

상기한 essere와 avere 동사의 '조건법 현재 형태'는 불규칙 형태입니다. Essere 동사와 avere 동사의 '조건법 현재 형태'는 반드시 암기하셔야 합니다. 왜냐하면 '조건법 과거 형태'를 만들 때 반드시 필요하기 때문입니다. 다른 동사들의 조건법 현재형 또한 '가정문'을 만들 때 사용되므로 반드시 형태를 암기해야 합니다.

다음은 essere 동사와 avere 동사 이외에 몇몇 '조건법 현재
의 불규칙 형태'를 살펴보겠습니다.

○ **Andare** a Roma. 로마에 **가다.**

(io) andrei, (tu) andresti, (lui, lei, Lei) andrebbe, (noi)
andremmo, (voi) andreste, (loro) andrebbero a Roma.

○ **Venire** da me. 나에게(내 집에) **오다.**

(io) verrei, (tu) verresti, (lui, lei, Lei) verrebbe, (noi)
verremmo, (voi) verreste, (loro) verrebbero da me.

○ **Dovere assaggiare** gli spaghetti al pomodoro. 토마토 스
파게티를 **맛보아야만 한다.**

(io) dovrei, (tu) dovresti, (lui, lei, Lei) dovrebbe, (noi)
dovremmo, (voi) dovreste, (loro) dovrebbero
assaggiare gli spaghetti al pomodoro.

○ **Potere** parlare più piano. 더 천천히 말할 **수 있다.**

(io) potrei, (tu) potresti, (lui, lei, Lei) potrebbe, (noi)
potremmo, (voi) potreste, (loro) potrebbero parlare più
piano.

○ **Volere** un gelato. 아이스크림을 **원하다.**

(io) vorrei, (tu) vorresti, (lui, lei, Lei) vorrebbe, (noi)
vorremmo, (voi) vorreste, (loro) vorrebbero un gelato.

다음 문장을 보면 앞서 학습한 객관적인 사실을 나타내는 직
설법과 이번에 학습하는 조건법의 차이를 알 수 있습니다.

① Domani **vado** a Roma. 나는 내일 로마에 간다.

(직설법, 현재, 확실성)

② Domani **andrò** a Roma. 나는 내일 로마에 갈 것이다.

(직설법, 미래, 확실성)

③ Domani **andrei** a Roma. 나는 내일 로마에 갈 것이다.

(조건법, 현재, 가능성)

　상기한 문장에서 ①과 ②는 '직설법' 동사를 사용한 문장입니다. 더 구체적으로 말하자면, ①번의 동사 vado 는 객관적인 사실을 나타내는 '직설법 현재' 형태인데, '가까운 미래'는 '현재형' 동사를 사용해서 표현 할 수 있기 때문에 현재형을 사용하였으며, '확실함'을 나타냅니다. ②의 경우, 동사 andrò 는 객관적인 사실을 나타내는 '직설법 단순미래' 형태로 '확실성'을 나타냅니다. 반면에 ③의 경우는 말하는 사람이 'andrei' 라는 '조건법 현재형'을 사용해서 표현하였습니다. 왜냐하면 말하는 사람이 '내일 로마에 갈 것이다'는 **가능성**만 있을 뿐, **확실성이 없기 때문**입니다. 이처럼 이탈리아어는 '동사의 형태'에 '말하는 사람이 표현하고자 하는 의도가 담겨있는 언어' 입니다.

　또한 여러분은 '조건법 현재' 형태가 공손하게 어떤 사람에게 어떤 요구를 할 때 또는 물건을 구입할 때 등의 경우에 사용된다는 점을 꼭 기억하시기 바랍니다. 커피를 마시러 바(bar)에 가셨을 때 '조건법 현재'를 사용해서 다음과 같이 멋있게 커피 한 잔을 주문해 보십시오.

Vorrei un caffè. 저는 커피 한 잔을 원합니다.

밑줄 친 부분의 법과 시제에 주의하여 다음 문장을 우리말로 해석하시오.

1. Paolo, mi <u>apriresti</u> questa bottiglia?
2. <u>Verresti</u> con me in vacanza?
3. Ho molta sete. Io <u>vorrei</u> una birra fresca.
4. <u>Potrebbe</u> dirmi che ore sono?
5. A quest'ora <u>berrei</u> un tè freddo.

1. 빠올로, 이 병을 열어 주겠니?
2. 너는 나와 함께 휴가를 가겠니?
3. 나는 매우 목이 마르다. 나는 시원한 맥주를 마시고 싶다.
4. 제게 몇 시인지 말씀해 주시겠습니까?
5. 이 시간에 나는 차가운 차를 마시고 싶다.

12.2. 조건법 과거(Condizionale passato)

'조건법 과거'는 현재, 미래에 있어서 '불가능성'을 표현할 때와 과거 속에서의 미래를 나타낼 때 사용합니다. 과거에 사용할 경우는 문장에 따라 '확실성'과 '불가능'을 나타냅니다.

위의 [듣기 101] 예문에 사용되었던 문장 "Avrei preso un caffè anch'io, ma ho fame."를 해석해보면, "나도 커피를 마시고 싶어. 하지만 난 배가 고파."입니다. 즉, 지금 배가 고파서 커피를 마실 수 없다는 '불가능'을 나타내는 것입니다.

다음의 경우를 보면서 '조건법 과거'를 학습하겠습니다.

① **Ieri** Maria **sarebbe andata** a Roma e c'è andata davvero.
어제 마리아는 로마에 갔어야 했다. 그리고 정말로 갔다.(확실성)

Ieri Maria **sarebbe andata** a Roma e poi non c'è andata.
어제 마리아는 로마에 갔어야 했다. 그런데 가지 않았다. (불가능)

② **Oggi** Maria **sarebbe andata** a Roma.

오늘 마리아는 로마에 가야 한다.(그러나 가지 못한다. **불가능성**)

③ **Domani** Maria **sarebbe andata** a Roma.

내일 마리아는 로마에 가야 한다.(그러나 가지 못한다. **불가능성**)

위 ① 문장의 경우는 'Ieri 어제'의 경우, 즉 '과거'의 경우이고, ②의 경우는 'Oggi 오늘', 즉 '현재'의 경우이며, ③의 경우는 'Domani 내일' 즉, '미래'의 경우입니다.

이처럼 '**조건법 과거**' 형태는 현재, 미래의 경우에 '**불가능성**'을 과거의 경우는 '확실성'과 '불가능'을 표현할 때 사용됩니다. 물론 왜 불가능한지 이유를 첨가해주면 더 좋겠지요. 하지만 ②와 ③의 경우는 위 문장 자체만으로도 이미 불가능하다는 의미가 포함되어 있다는 점을 기억하시기 바랍니다.

'조건법 과거 형태'는 다음과 같습니다.

조건법 과거 형태

Essere
혹은   조건법 현재+과거분사(p.p.)
Avere

'Essere 동사'를 보조동사로 택하느냐, 'avere 동사'를 보조동사로 택하느냐 하는 것은 '직설법 근과거(➔ 11.2. 참고)'의 경우와 동일합니다. Essere 동사를 보조동사로 사용할 경우, 과거분사의 형태가 주어의 성수에 따라 -o, -a, -i, -e의 형태를 취하는 것도 물론 동일합니다. 조건법 과거 형태 또한 조건법 현재와 마찬가지로 '가정문'을 만들 때 사용되므로 반드시 알고 계셔야 합니다.

밑줄 친 부분의 법과 시제에 주의하여 다음 문장을 우리말로 해석하시오.

---

1. Domani ti <u>avrei prestato</u> il libro che ti serve.
2. Ieri i miei fratelli <u>sarebbero partiti</u> per Londra e poi non sono partiti.
3. Domani le mie sorelle <u>sarebbero arrivate</u> la mattina presto.
4. Oggi Carlo <u>avrebbe mangiato</u> il pesce.
5. La settimana scorsa Mario <u>sarebbe stato</u> in Francia e c'è stato davvero.

 1. 내일 네가 필요한 책을 네게 빌려주어야 할 텐데.
   (빌려주지 못한다)
2. 어제 내 남동생들은 런던으로 출발했어야 했다.
   그런데 출발하지 못했다.(불가능)
3. 내일 내 여동생들은 아침 일찍 도착해야 한다.
   (도착하지 못한다)
4. 오늘 까를로는 생선을 먹고 싶었다. (먹지 못한다)
5. 지난주에 마리오는 프랑스에 갔어야 했다.
   그리고 정말로 갔다.(확실성)

제 13 과

동사 3
접속법(Congiuntivo)

'접속법'은 주관적인 생각 또는 불확실함, 의심, 욕구, 희망, 걱정 등을 표현할 때 사용합니다. 또한 'perché, affinché (~위해서)', 'sebbene, benché (비록 ~일지라도, ~에도 불구하고)', 'a patto che, purché (~라는 조건으로)' 등, 목적, 양보, 조건 등을 표현하는 문장에서도 사용됩니다.

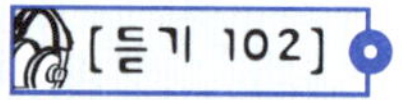

Qual è lo sport più seguito in Italia?
이탈리아에서 가장 인기 있는 스포츠가 뭐니?

Anna : Qual è lo sport più seguito in Italia?
이탈리아에서 가장 인기 있는 스포츠가 뭐니?

Mario : **Penso che** il calcio **sia** lo sport più seguito.

Si dice che il calcio **sia** la religione degli italiani.

나는 축구가 가장 인기 있다고 생각해. 사람들은 축구가 이탈리아인의 종교라고 말하거든.

Anna : Sì, anch'io **credo che** nessun altro sport **abbia** la stessa importanza in Italia. Mi **sembra che** i tifosi italiani **siano** un po' pazzi per il calcio.

맞아. 나도 이탈리아에서 그 어떤 스포츠도 그만큼 중요하지 않다고 생각해. 내가 볼 때 이탈리아 팬들은 축구에 약간 미친것 같아.

Mario : Sì, **penso che** tu **abbia** ragione. Parlare di calcio fra i tifosi italiani non finisce mai. 그래. 나는 네 말이 맞는다고 생각해. 이탈리아 팬들 사이에서 축구에 대해 말하는 것은 결코 끝나지 않아.

위의 대화문에서 sia(동사원형 essere), abbia(동사원형 avere), siano(동사원형 essere) 등의 형태가 '접속법' 형태입니다. '주관적인 생각, 의심, 불확실, 욕구, 희망, 걱정, 심리적 상태, 필요' 등을 표현하는 접속법에는 시제가 '4개', 즉, '현재', '과거', '반과거', '대과거'가 있습니다. 위의 대화문에 제시된 경우는 모두 '접속법 현재' 시제로, 동사 하나가 시제를 나타내기 때문에 '단순시제'에 속합니다. 접속법 형태가 사용된 위의 대화문을 잘 관찰해보시면, 주절의 맨 앞에 penso che(~라고 나는 생각한다), si dice che(~라고 사람들은 말한다), credo che(~라고 나는 생각한다), sembra che(~처럼 보인다) 등, '개인적인 생각'이나, '확실하지 않은 다른 사람들이 하는 말', '불확실' 등의 표현이 나타나 있음을 알 수 있습니다. 이러한 경우에 종속절에는 '접속법' 형태의 동사를 사용합니다.

자, 그럼 접속법 현재 형태부터 살펴보도록 하겠습니다.

13.1. 접속법 현재(Congiuntivo presente)

'접속법 현재'에는 '규칙형태'와 '불규칙 형태'가 있습니다.

Essere 동사와 avere 동사의 '접속법 현재' 형태는 '불규칙 형태'를 갖는데, '접속법 과거'를 만드는데 반드시 필요한 보조 동사이므로, 그 중요성을 생각해서 규칙형태에 넣었습니다. '규칙형태'를 보시면 1인칭 단수에서 3인칭 단수까지는 형태가 동일하다는 것을 알 수 있습니다. 또한 noi에 해당하는 형태도 직설법 현재 형태와 동일함을 알 수 있습니다. 그러므로 접속법 현재 형태를 암기하는데 큰 어려움이 없을 것입니다.

여러분께서는 essere와 avere 동사를 비롯한 **접속법 현재 형태를 꼭 암기**하시기 바랍니다. 왜냐하면, 접속법 현재 형태는 접속법의 용도 이외에도 '명령법'에서의 상대방(Lei 당신)에게 격식을 갖추어서 명령하는 **격식적 명령 형태와 동일**하기 때문입니다(➡제 14과 명령법 참고).

접속법 현재 형태

접속법 현재 규칙 형태

	essere	avere	-are	-ere	-ire
			guardare	leggere	sentire
Io	sia	abbia	guard**i**	legg**a**	sent**a**
Tu	sia	abbia	guard**i**	legg**a**	sent**a**

	essere	avere	-are	-ere	-ire
Lui	sia	abbia	guard**i**	legg**a**	sent**a**
Noi	siamo	abbiamo	guard**iamo**	legg**iamo**	sent**iamo**
Voi	siate	abbiate	guard**iate**	legg**iate**	sent**iate**
Loro	siano	abbiano	guard**ino**	legg**ano**	sent**ano**

다음 두 예문을 비교해보시면 객관적인 사실을 나타내는 '직설법'과 주관적인 생각을 나타내는 '접속법'의 차이점을 잘 알 수 있으실 것입니다.

① Maria **ha** ragione. Maria가 옳다. (직설법)
② Penso che Maria **abbia** ragione.
　 나는 Maria가 옳다고 생각한다. (접속법)

💬 avere ragione 옳다, 정당하다 ↔ avere torto 틀리다, 정당하지 않다.

①과 ②의 문장을 살펴보시면, ①의 경우는 avere 동사의 '**직설법**' 현재 형태를 사용했습니다. 즉, 이 문장의 의미는 '객관적으로 틀림없이 Maria가 옳다'라는 의미입니다. 반면에 ②의 경우는 abbia라는 avere 동사의 '**접속법**' 형태를 사용했습니다. 왜냐하면 Maria가 옳다는 것은 단지 '나의 주관적인 생각(Penso che~ : 나는 ~라고 생각한다)'일 뿐이기 때문입니다. 바로 이러한 경우처럼 말하는 사람이 자신의 '주관적'인 생각, 의심, 희망 등을 나타낼 때 사용하는 형태가 '**접속법**'입니다.

다음은 몇몇 동사의 '불규칙'한 접속법 현재 형태를 살펴보겠습니다. 아래에 제시한 동사들의 접속법 현재 형태에서 3인칭 단수 형태는 조금 전에 언급했듯이 '명령법(➡제 14과 참고)'에서 Lei(당신)에 대한 격식적인 명령을 표현할 때 동일하게 사용되므로 반드시 암기하시기 바랍니다.

접속법 현재 불규칙 형태

	andare	venire	fare	dire	dare
Io	vada	venga	faccia	dica	dia
Tu	vada	venga	faccia	dica	dia
Lui, Lei	vada	venga	faccia	dica	dia
Noi	andiamo	veniamo	facciamo	diciamo	diamo
Voi	andiate	veniate	facciate	diciate	diate
Loro	vadano	vengano	facciano	dicano	diano

예문 :

① Bisogna che lui **vada** a casa. 그는 집에 갈 필요가 있다.

② È probabile che Maria **venga** in treno.

　아마도 Maria는 기차를 타고 올 것이다.

③ **Faccia** pure! 그렇게 하십시오! (명령법-격식명령)

④ Mi **dica**! 말씀하세요! (명령법-격식명령)

⑤ Mario vuole che io gli **dia** lezioni d'italiano.

　마리오는 내가 그에게 이탈리아어 레슨을 해주기를 원한다.

접속법 현재 용도

　접속법 현재를 비롯한 접속법 모든 시제의 용도는 '**주관적인 생각, 의심, 불확실, 욕구, 희망, 걱정, 심리적 상태, 필요**' 등을 표현하는 경우, 그리고 아래의 예문과 같이 ① '목적(perché, affinché : ∼위해서)', ② '양보(sebbene, benché : 비록 ∼일지라도, ∼에도 불구하고)', ③ '조건(a patto che, purché : ∼라는 조건으로)' 등을 나타내는 문장에 동일하게 사용됩니다. 접속법 현재 형태의 경우는 격식명령에 사용되며, 접속법 반과거 및 대과거 형태는 '가정문' 에도 사용됩니다.

① Non aiuto Roberta, **perché impari** a fare da sola.

나는 로베르따가 혼자서 하는 것을 배울 수 있도록 그녀를 돕지 않는다.

> ❊ 일반적으로 문장에서 perché가 나오면, '왜냐하면' 또는 '~때문에'로 번역을 합니다. 하지만 perché 뒤에 접속법 형태의 동사가 나오면 반드시 '목적(~위해서)'으로 해석해야 합니다.

② Maria esce con Paolo, **sebbene preferisca** restare a casa.

마리아는 비록 집에 있고 싶지만, 빠올로와 외출한다.

③ Accetto il tuo suggerimento, **a patto che** tu non mi **dia** la colpa.

나는 네가 나에게 잘못을 전가하지 않는다는 조건에서 제안을 받아들이겠다.

13.2. 접속법 과거(Congiuntivo passato)

'접속법 과거' 형태는 조금 전에 학습했던 'essere' 또는 'avere'의 접속법 현재 형태에 본동사의 과거분사를 합해주면 됩니다. 이처럼 '접속법 과거' 형태는 essere 또는 avere 동사와 같이 사용되어 시제를 구성하므로 동사 하나로 시제를 나타내는 경우인 '단순시제'와 구별되는 '복합시제'에 속합니다. 'Essere 동사'를 보조동사로 택하느냐, 아니면 'avere 동사'를 보조동사로 택하느냐 하는 것은 '직설법 근과거'의 이론과 동일합니다. 일반적으로 본동사가 왕래발착 동사인 경우는 'essere' 동사를, 본동사가 타동사인 경우는 'avere' 동사를 택합니다. Essere 동사를 택하는 경우는 주어의 성수에 따라 과거분사의 형태가 -o, -a, -i, -e로 변하는 것도 물론 동일합니다. 이러한 사항에 대해서 아직 확실하지 않으신 분은 앞서 학습한 '직설법 근과거(11.2.)'를 다시 한 번 복습하시기 바랍니다.

접속법 과거 형태

Essere
혹은   접속법 현재+과거분사(p.p.)
Avere

예문 :

① Spero che ieri Maria **sia arrivata** in tempo.

  나는 어제 마리아가 제시간에 도착했기를 희망한다.

② Credo che ieri Roberto **sia tornato** presto a casa.

  나는 어제 로베르또가 집에 일찍 돌아왔다고 생각한다.

③ Ho paura che Mario **abbia preso** una decisione sbagliata.

  나는 마리오가 잘못된 결정을 했을까 걱정이 된다.

④ Non sono sicuro che gli studenti **siano arrivati** in orario.

  나는 학생들이 제 시간에 도착했을 것이라고 확신하지 못한다.

⑤ Sono felice che Carlo **abbia superato** l'esame di matematica.

  나는 까를로가 수학시험을 통과해서 기쁘다.

13.3. 접속법 반과거(Congiuntivo imperfetto)

'접속법 반과거' 형태에는 '규칙형태' 와 '불규칙 형태' 가 있습니다. Essere 동사와 avere 동사의 접속법 과거 형태는 '불규칙 형태' 를 갖는데, '접속법 대과거' 를 만드는데 반드시 필요한 보조 동사이므로, 그 중요성을 생각해서 규칙형태에 넣었습니다.

여러분께서는 essere와 avere 동사를 비롯한 '접속법 반과거' 형태를 꼭 암기하시기 바랍니다. 왜냐하면, '접속법 반과거' 형태는 접속법의 용도 이외에도 '가정문' 에서 실현 가능한 사건을 나타내는 조건절에 사용되기 때문입니다(➡제 16과 가정문 참

고). '접속법 반과거' 시제는 동사 하나로 시제를 완벽하게 나타
내는 '단순시제' 에 속합니다.

접속법 반과거 형태

접속법 반과거 규칙 형태

	essere	avere	-are	-ere	-ire
			guardare	leggere	sentire
Io	fossi	avessi	guardassi	leggessi	sentissi
Tu	fossi	avessi	guardassi	leggessi	sentissi
Lui, Lei	fosse	avesse	guardasse	leggesse	sentisse
Noi	fossimo	avessimo	guardassimo	leggessimo	sentissimo
Voi	foste	aveste	guardaste	leggeste	sentiste
Loro	fossero	avessero	guardassero	leggessero	sentissero

다음은 대표적인 접속법 반과거 '불규칙 형태' 입니다.

	dare	fare	stare	bere	dire
Io	dessi	facessi	stessi	bevessi	dicessi
Tu	dessi	facessi	stessi	bevessi	dicessi
Lui, Lei	desse	facesse	stesse	bevesse	dicesse
Noi	dessimo	facessimo	stessimo	bevessimo	dicessimo
Voi	deste	faceste	steste	beveste	diceste
Loro	dessero	facessero	stessero	bevessero	dicessero

예문 :

① Speravo che tu **arrivassi** prima.

　나는 네가 일찍 도착하기를 희망했다.

② Temevo che **partiste** subito.

　나는 너희들이 일찍 떠날까봐 걱정했다.

③ La mamma preferiva che **restassimo** a casa.

엄마는 우리가 집에 남는 것을 더 좋아했다.

④ Vorrei che tu **aprissi** la porta.

나는 네가 문을 열기를 원한다.

⑤ Bisognava che tu **aspettassi** ancora.

너는 계속 기다릴 필요가 있었다.

13.4. 접속법 대과거(Congiuntivo trapassato)

'접속법 대과거' 형태는 조금 전에 학습했던 'essere 또는 avere의 접속법 반과거' 형태에 본동사의 '과거분사'를 합해주면 됩니다. 이처럼 '접속법 대과거' 형태는 essere 또는 avere 동사와 같이 사용되어 시제를 구성하므로 접속법 과거와 마찬가지로 '복합시제'에 속합니다. 즉, 여러분들이 지금까지 학습한 시제 중에서 'essere' 또는 'avere' 동사를 보조동사로 사용해서 시제를 구성하는 경우는 모두 '복합시제'에 속한다고 생각하시면 됩니다. '접속법 대과거'의 경우도 'essere 동사'를 보조동사로 택하느냐, 아니면 'avere 동사'를 보조동사로 택하느냐 하는 것은 '직설법 근과거(11.2.)'의 이론과 동일합니다.

여러분께서는 '접속법 대과거' 형태를 꼭 알아두시기 바랍니다. 왜냐하면, '접속법 대과거' 형태는 접속법 용도 이외에도 '가정문'에서 '실현 불가능한 사건'을 나타내는 조건절에 사용되기 때문입니다(➡제 16과 가정문 참고).

접속법 대과거 형태

Essere
혹은　　　접속법 반과거＋과거분사(p.p.)
Avere

예문 :

① Mi sembra che **abbiate esagerato**.

내게는 너희들이 과장했던 것처럼 보인다.

② Avrei voluto che Maria **fosse venuta** con noi.

나는 마리아가 우리와 함께 왔기를 원했다.

③ Sembrava che la festa **fosse riuscita**.

잔치가 성공적이었던 것처럼 보인다.

④ Ero contento che Mario **avesse trovato** un lavoro.

나는 마리오가 직업을 구해서 기뻤다.

⑤ Qualunque regalo voi **aveste deciso** di fare a Maria,

avreste dovuto chiedermi. 너희들이 마리아에게 하기로

결정한 선물이 무엇이든지, 나에게 문의해야만 했다.

**밑줄 친 부분의 법과 시제에 주의하여 다음 문장을 우리말로
해석하시오.**

1. Credo che lui <u>abbia</u> trent'anni.
2. Spero che <u>rimaniate</u> qui a lungo.
3. Mi pare che <u>beviate</u> troppo.
4. Penso che <u>abbiate</u> ragione.
5. Non voglio che tu <u>rimanga</u> da solo.

1. 나는 그가 30살이라고 생각한다.
2. 나는 너희들이 이곳에 오랫동안 머물기를 희망한다.
3. 내가 볼 때, 너희들은 너무 마시는 것 같다.
4. 나는 너희들이 옳다고 생각한다.
5. 나는 네가 혼자 남는 것을 원하지 않는다.

동사 4
명령법(Imperativo)

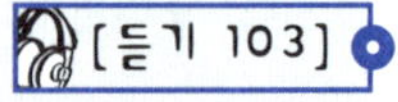

Potresti dirmi dov'è una buona libreria qui vicino?

이 근처에 좋은 서점이 어디에 있는지 말해 주겠니?

Mario : Anna, potresti dirmi dov'è una buona
libreria qui vicino?

안나, 이 근처에 있는 좋은 서점이 어디에 있는
지 말해 주겠니?

Anna : Certo! C'è la libreria Dante. Vedi quella
via in fondo?

물론이지. 단테 서점이 있어. 저 끝에 있는 길 보이지?

Mario : Quale via? 어느 길?

Anna : È quella lì, dove passa l'autobus.

버스가 지나가는 저 길 말이야.

Quando arrivi là, **volta** a sinistra.

저 곳에 도착하면, 왼쪽으로 돌아.

Poi **prendi** la prima via a destra.

La libreria è lì.

그 다음엔 첫 번째 오른쪽 길을 택해.

서점은 그곳에 있어.

위의 대화문에서 volta(원형: voltare 돌다, 회전하다), prendi(원형: prendere 취하다)의 형태가 명령법 형태입니다.

'명령법'은 상대방에 대한 명령을 나타낼 때 사용하는 형태입니다. 명령법에는 서로 잘 아는 허물없는 사이에서 사용하는 '비격식적 명령'(l'imperativo diretto) 형태와 상대방에게 격식을 갖추어서 명령하는 '격식적 명령'(l'imperativo indiretto) 형태가 있습니다.

시제는 '현재'만 있습니다. 과거로 돌아가서 명령을 할 수는 없기 때문입니다. 또한 말하는 사람의 앞에 없는 제 3자에게는 직접적인 명령을 할 수 없기 때문에 3인칭에 대한 명령법 형태는 없습니다. 명령법 형태는 동사 하나로 법과 시제를 완벽하게 나타낼 수 있으므로 '단순시제'에 속합니다.

주격 인칭대명사(Tu, Lei, Noi, Voi)는 사용하지 않으며, 문장의 끝에 **느낌표(!)**를 찍기도 합니다.

Tu(너)에 대한 명령법 형태(비격식적 명령)

[듣기 104]

	-are	-ere	-ire
	aspettare	leggere	dormire
(Tu)	Aspett**a**!	Legg**i**!	Dorm**i**!
(Tu)**Non**	aspett**are**!	legg**ere**!	dorm**ire**!

Tu(너)에 대한 명령법 형태에는 "~을 해라!"라는 '**긍정 명령**'의 형태와 "~을 하지마라!"라는 '**부정 명령**'의 형태가 있습니다. '**긍정 명령법 형태**'는 -are 동사의 경우에는 "-are"에서 "re"를 제거하면 됩니다. -ere와 -ire 동사의 경우는 직설법 2인칭 단수 형태와 동일합니다. Tu(너)에 대한 '**부정 명령법의 형태**'는 "**Non + 동사원형**"의 형태를 지닙니다.

> ✻ 비격식적 명령 형태가 '직접 목적 대명사'와 사용될 경우에는 다음과 같은 형태를 갖습니다. '부정 명령'의 경우는 아래와 같이 2가지 형태를 가질 수 있습니다.

① 긍정 명령일 경우: 동사 + 직접 목적 대명사

È un libro molto interessante: **leggilo**!

매우 재미있는 책이다. 이 책을 읽어라!

② 부정 명령일 경우: 'non + 동사원형 + 직접 목적 대명사'
또는 'non + 직접 목적 대명사 + 동사원형'

È un libro molto noioso: **non leggerlo**!

또는 **Non lo leggere**!

매우 재미없는 책이다. 이 책을 읽지 마라!

다음은 '우리 ~ 합시다.', '너희들 ~ 해라.'에 해당하는 표현을 알아봅시다.

● Noi(우리들) 및 Voi(너희들)에 대한 명령법 형태

[듣기 105]

	-are	-ere	-ire
	aspettare	leggere	dormire
(Noi)	Aspett**iamo**!	Legg**iamo**!	Dorm**iamo**!
(Noi) **Non**	aspett**iamo**!	legg**iamo**!	dorm**iamo**!

	-are	-ere	-ire
(Voi)	Aspettate!	Leggete!	Dormite!
(Voi) Non	aspettate!	leggete!	dormite!

Noi(우리들) 및 Voi(너희들)에 대한 **긍정 명령법 형태**는 **직설법 1인칭 복수(Noi) 및 2인칭 복수(Voi) 형태와 동일**합니다. Noi(우리들) 및 Voi(너희들)에 대한 부정 명령법의 형태는 동사 앞에 "Non"만 첨가하면 됩니다. 해석은 '긍정명령' Noi(우리들)의 경우, "~합시다!", 'Non'을 첨가한 '부정명령'의 경우는 "~하지 맙시다!"로, Voi(너희들)의 경우, '긍정명령'은 "~하세요!", 'Non'을 첨가한 '부정명령'은 "~하지 마세요!"로 합니다.

이 경우도 명령 형태가 '직접 목적 대명사'와 사용될 경우에는 비격식(tu)에 대한 명령의 경우와 동일한 형태를 갖습니다.

① 긍정 명령일 경우 : 동사＋직접 목적 대명사

È un caffè molto buono: prendiamolo!

매우 맛있는 커피다. 이 커피를 마시자!

② 부정 명령일 경우: 'non＋동사＋직접 목적 대명사'

또는 'non＋직접 목적 대명사＋동사'

È un caffè molto disgustoso: Non prendiamolo!

또는 Non lo prendiamo!

매우 맛없는 커피다. 이 커피를 마시지 말자!

다음 동사들은 특수한 형태의 명령법 형태를 갖습니다.

	essere	avere	andare	dare	dire	fare	stare
(Tu)	sii	abbi	va'	da'	di'	fa'	sta'
(Voi)	siate	abbiate	andate	date	dite	fate	state

예문 :

① Marco, sii calmo! 마르꼬, 침착해!

② Massimo, **abbi** pazienza! 마시모, 참아!

③ Mario, **va'** a vedere quel film! 마리오, 그 영화 보러가!

④ Paolo, **da'** qualcosa da mangiare al gatto!

　빠올로, 고양이에게 먹을 것을 줘!

⑤ Roberto, **di'** a Luisa di telefonarmi!

　로베르또, 루이자에게 나에게 전화하라고 말해!

⑥ Maria, **fa'** presto! 마리아, 빨리 해!

⑦ Anna, **sta'** attenta! 안나, 조심해!

다음은 상대방에게 격식을 갖추어 명령할 때 사용되는 형태를 살펴보겠습니다.

Lei(당신) 및 Loro(당신들)에 대한 명령법 형태(격식적 명령)

[듣기 106]

	-are	-ere	-ire
	aspettare	leggere	dormire
(Lei)	Aspett**i**!	Legg**a**!	Dorm**a**!
(Lei)**Non**	aspett**i**!	legg**a**!	dorm**a**!
(Loro)	Aspett**ino**!	Legg**ano**!	Dorm**ano**!
(Loro)**Non**	aspett**ino**!	legg**ano**!	dorm**ano**!

Lei(당신) 및 Loro(당신들)에 대한 '**격식적 명령**'은 긍정적 명령 및 부정적 명령 형태 모두 '**접속법 현재**' 동사 형태를 사용합니다. '부정 명령 형태'는 '접속법 현재' 동사 앞에 "Non"을 참가하면 됩니다. 현대 이탈리아어에서는 'Loro(당신들)' 대신에 Voi(당신들)에 해당하는 직설법 현재 형태를 주로 사용합니다.

예문 :

① Signorina Marisa, **aspetti** un attimo!

마리자 아가씨, 잠깐만 기다리십시오!

② Professore, **legga** pure questo articolo!

교수님, 이 기사를 읽어보십시오!

③ Signor Paolo, **dorma** ancora un po'. È troppo presto per alzarsi.

빠올로씨, 좀 더 주무십시오! 일어나기에는 너무 이릅니다.

④ **Non prendano** l'autobus! 버스를 타지 마십시오!

⑤ **Capiscano** la situazione difficile!

어려운 상황을 이해하십시오!

***** 격식적 명령 형태가 '직접 목적 대명사'와 사용될 경우에는 다음과 같은 형태를 갖습니다. **격식적 부정 명령**의 경우는 아래와 같이 **단 한 가지** 형태만을 취할 수 있습니다.

① 긍정 명령일 경우 : 직접 목적 대명사+동사

È un caffè molto buono: **lo prenda**!

매우 맛있는 커피입니다. 이 커피를 드세요!

② 부정 명령일 경우: 'non＋직접 목적 대명사＋동사'

È un caffè disgustoso: **Non lo prenda**!

매우 맛없는 커피입니다. 이 커피를 드시지 마세요!

상대방에 대한 요구 또는 명령 형태는 위의 형태 이외에도 Lei(당신)에 대해서는 "La prego di＋동사원형"의 형태를 사용해서 표현 할 수도 있습니다. Tu(너)에 대해서는 La 대신에 Ti를 사용하면 됩니다.

① **La prego di** ascoltare le mie parole.

제발, 제 이야기를 들어주십시오!

② 부정 형태는 본동사 앞에 non을 첨부하면 됩니다.

Ti prego di non andare. 제발, 떠나지마!

밑줄 친 부분의 법과 시제에 주의하여 다음 문장을 우리말로 해석하시오.

---

1. <u>Aspetta</u> un attimo!
2. <u>Non preoccuparti</u>!
3. <u>Non si preoccupi</u>!
4. <u>Vieni</u> qui!
5. <u>Venga</u> qui!

정답
1. 잠깐 기다려! (비격식)
2. 걱정하지마!(비격식)
3. 걱정하지 마십시오. (격식)
4. 이리와! (비격식)
5. 이리 오십시오. (격식)

유머코너

시험점수와 케이크

아이가 학교에서 돌아와 엄마에게 말했다.

"엄마, 제가 숙제를 잘해서 선생님한테 100점 받았으면. 제게 무엇을 주실거에요?"

엄마가 말했다.

"커다란 케이크를 전부 주마."

아이가 말했다.

"Allora **dammi** mezza torta.

그럼, 제게 케이크 반만 주세요. 50점 받았거든요."

유머코너

과장

아이가 말했다.

"엄마 조금 전에 집채만 한 바퀴벌레를 보았어요."

엄마가 말했다.

"**Non esagerare**! 뻥치지 말거라!"

제 15 과

동사 5
부정사(Infinito), 분사(Participio), 제룬디오(Gerundio)

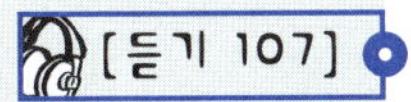

Le vacanze estive. 여름 휴가

Marco : Anna, che cosa farai quest'agosto?

안나, 너는 이번 여름에 무엇을 할 거니?

Anna : **Essendo** in ferie, vorrei **fare** un bel viaggio.

휴가이기 때문에, 멋있는 여행을 하고 싶어.

Marco : Hai già **deciso** dove vuoi **andare**?

어디로 갈 것인지 이미 결정했니?

Anna : L'anno scorso, **avendo avuto** una brutta
esperienza al mare, quest'anno ho deciso
di **passare** le vacanze in montagna.

작년에 바다에서 좋지 않은 경험을 했기 때문에,
올 해에는 산에서 휴가를 보내기로 결정했어.

위의 대화문에서 'essendo(원형: essere)', 'avendo(원형: avere)'는 '제룬디오', 'fare', 'andare', 'passare'는 '부정사', 'deciso(원형: decidere)', 'avuto(원형: avere)'는 '분사' 형태입니다. 이 3가지 형태의 경우에는 그 형태만으로는 '인칭' 과 '수'를 정확히 알 수 없으므로 '부정법'이라고 합니다. 이에 관해서는 제 10과에서 설명 드렸지요.

그럼, 동사의 원형을 의미하는 '부정사'부터 좀 더 자세히 알아봅시다.

15.1. 부정사(Infinito)

11.1.1. 부정사 현재(Infinito presente)

부정사 현재 형태

andare, venire, parlare, vedere, aprire, finire 등 부정사의 현재 형태는 동사의 원형입니다.

부정사 현재의 용도

① 조동사, 전치사, 관용구 등에 사용합니다.

Vorrei **bere** un caffè. 나는 커피를 마시고 싶다.

Andiamo a **lavorare**! 일하러 갑시다.

Bisogna **partire** subito. 즉시 떠날 필요가 있다.

② 비인칭 형태의 권고 또는 명령을 나타낼 때 사용합니다.

Lasciare libero il passaggio! 통로를 비워두시오.

③ 명령법에서 다루었듯이 2인칭 단수(tu)에 대한 부정 명령
   으로 사용합니다. ➡ 제 14과 참고.).
   Non fumare! 담배 피우지 마!

④ 의심을 표현할 때 사용합니다.
   Che pensare? 어떻게 생각해야 하지?

⑤ 문장에서 주어로 사용됩니다. 이 경우에는 관사를 동반할
   수 있습니다.
   Mi piace moltissimo cantare. 나는 노래하는 것을 매우
   좋아한다.

15.1.2. 부정사 과거(Infinito passato)
부정사 과거 형태는 다음과 같습니다.

부정사 과거 형태

Essere
혹은   동사원형 + 과거분사(p.p.)
Avere

예 Essere andato, Essere partito, Aver(e) letto. Aver(e)
dormito 등

  Essere 동사를 택하느냐, avere동사를 택하느냐 하는 것은 직
설법 근과거의 경우와 동일합니다. 즉, 바로 뒤에 오는 동사가
타동사인 경우는 avere 동사를 보조동사로 취하며, 왕래발착(가
고, 오고, 떠나가고, 도착하고 등)을 나타내는 동사의 경우는

essere 동사를 보조동사로 취합니다. 보다 더 자세한 사항은 앞서 학습한 '직설법 근과거'(→11.2.)를 참고하시기 바랍니다.

부정사 과거의 용도

① 부정사 현재의 용도와 마찬가지로 문장에서 주어로 사용될 수 있습니다. 이 경우에는 관사를 동반할 수 있습니다.

L'aver studiato in Italia mi è servito.

이탈리아에서 공부한 것이 나에게 유용했다.

② 주절의 동사에 비하여 이전에 발생한 사건을 표현할 때 사용합니다.

Mario si è pentito di non **aver studiato** l'italiano.

마리오는 이탈리아어 공부를 하지 않은 것을 후회했다.

＊ 위의 예문에서 L'aver studiato, aver studiato를 잘 살펴보시면 avere동사가 aver로 표시된 것을 볼 수 있습니다. 그 이유는 부정사 과거 형태에서 **aver**e 동사를 보조동사로 사용할 경우에 일반적으로 avere동사의 마지막 모음인 e를 생략하기 때문입니다.

밑줄 친 부분의 법과 시제에 주의하여 다음 문장을 우리말로 해석하시오.

> 1. Mi piace molto <u>passare</u> le vacanze in montagna.
> 2. Il medico ha detto che devo <u>fare</u> la dieta.
> 3. <u>L'acquistare</u> dischi è il mio hobby.
> 4. Dopo <u>essere andata</u> a cena, Maria è tornata a casa.
> 5. Dopo <u>avere finito</u> i compiti, potresti giocare in piscina.

1. 나는 산에서 휴가를 보내는 것을 매우 좋아한다.
2. 의사는 내가 다이어트를 해야만 한다고 말했다.
3. 음반을 사는 것이 내 취미다.

4. Maria는 저녁식사에 간 후에, 집으로 돌아왔다.
5. 너는 숙제를 마친 후에 수영장에서 놀 수 있다.

15.2. 분사(Participio)

15.2.1. 현재분사(Participio presente)

현재분사는 명사의 성에 관계없이 **수(數)에 일치**해야 합니다.

현재분사의 형태

-are ➡ **-ante**	insegnare ➡ insegn**ante**
-ere ➡ **-ente**	battere ➡ batt**ente**
-ire ➡ **-ente**	morire ➡ mor**ente**

현재분사의 용도

a) '명사'로 사용됩니다. 이 경우에는 주로 관사와 함께 사용됩니다.

un pensiero per gli insegnanti 교사들에 대한 생각

b) '형용사'로 사용됩니다.

un lavoro interessante 흥미로운 일

15.2.2. 과거분사(Participio passato)

명사의 **성(性)·수(數)와 일치**해야 합니다. 과거분사의 형태는 직설법 근과거에서 학습한 내용과 동일합니다. 규칙형태와 불규칙형태가 있습니다. 과거분사의 형태에 대해서는 '직설법 근과거' (➡11.2.)를 참고하시기 바랍니다.

-are → -ato	-ere → -uto	-ire → -ito
guardare → guardato	vendere → venduto	finire → finito

a) '명사' 로 사용됩니다. 이 경우에는 주로 관사를 동반합니다.

Gli invitati incominciano ad arrivare.

손님들이 도착하기 시작했다.

b) '형용사' 로 사용됩니다.

Questo negozio è **aperto** sempre.

이 가게는 항상 열려있다.

c) Essere 또는 avere 동사와 '복합시제를 구성' 합니다.

Ieri Maria **è partita** per l'Italia.

어제 마리아는 이탈리아로 떠났다.

밑줄 친 부분의 법과 시제에 주의하여 다음 문장을 우리말로 해석하시오.

> 1. Una ragazza <u>attraente</u>.
> 2. Sottotitolo per i non <u>udenti</u>.
> 3. <u>Finito</u> lo studio, andrei in Italia.
> 4. <u>Perduta</u> la voce, vorrei smettere di cantare.
> 5. Questo negozio è <u>chiuso</u> sempre.

 1. 매력적인 소녀
2. 듣지 못하는 사람들을 위한 자막.
3. 나는 공부를 끝낸 후에 이탈리아에 갈 것이다.
4. 나는 목소리를 잃었기 때문에 노래하는 것을 그만 둘 것이다.
5. 이 가게는 항상 닫혀있다.

15.3. 제룬디오(Gerundio)

15.3.1. 단순 제룬디오(Gerundio semplice)

'단순 제룬디오' (제룬디오 현재)의 형태는 다음과 같이 규칙적으로 변합니다.

단순 제룬디오 형태

-are ➡ -ando	-ere ➡ -endo	-ire ➡ -endo
and**are** ➡ and**ando**	scriv**ere** ➡ scriv**endo**	fin**ire** ➡ fin**endo**

'제룬디오' 는 다음의 예에서 보듯이 **여러 가지 해석이 가능**하므로 문맥에 맞도록 해석하는 것이 중요합니다.

단순 제룬디오의 용도

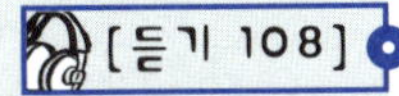

a) '**시간**' 을 나타낼 때 사용합니다.

Ritornando dalla scuola, ho incontrato il padre di Mario

학교에서 돌아올 **때**, 나는 마리오의 아버지를 만났다.

b) '**이유, 원인**' 을 나타낼 때 사용합니다.

Essendo in Italia, il signor Kim può assaggiare tanti vini buoni.

이탈리아에 있기 **때문에**, 김씨는 좋은 포도주를 많이 맛볼 수 있다.

c) '방식'을 나타낼 때 사용합니다.

Nuotando, ho attraversato il fiume.

수영을 **해서** 나는 강을 건넜다.

d) '양보'를 나타낼 때 사용합니다.

Pur essendo stato migliorato, il motore non è ancora perfetto.

모터는 향상**되었는데도** 여전히 완전하지 못하다.

🔈 일반적으로 '양보'를 나타낼 경우에는 제룬디오 형태 앞에 pur를 사용합니다.

e) Stare 동사와 함께 사용되어 **진행 중인 상태**(행위)를 나타냅니다.

Sto studiando l'italiano.

나는 이탈리아어를 공부하는 중이다.

f) Andare 동사와 함께 사용되어 **반복적인 상태**(행위)를 나타냅니다.

Mario va gridando. 마리오는 반복적으로 소리를 지른다.

15.3.2. 복합(과거) 제룬디오(Gerundio composto)

복합(과거) 제룬디오의 형태는 다음과 같습니다.

복합(과거) 제룬디오 형태

Essendo
 혹은   +과거분사(p.p.)
Avendo

이 때 essendo를 선택하느냐, 아니면 avendo를 선택하느냐 하는 것은 직설법 근과거에서 essere동사를 보조동사로 취하느냐, 아니면 avere동사를 보조동사로 취하느냐 학습했던 내용과 일치합니다. 일반적으로 타동사인 경우는 avere 동사를, 자동사 특히 '가고, 오고 등'을 지시하는 왕래발착 동사인 경우는 essere 동사를 보조동사로 취한다고 말씀드렸지요. 물론 essere 동사를 보조동사로 택했을 경우에는 주어의 **성(性) · 수(數)**에 따라 4가지의 과거분사의 형태(-o, -a, -i, -e)를 지닙니다. Essere 동사를 취해야 하는지, avere 동사를 취해야 하는지에 대해서는 앞서 학습한 '직설법 근과거'(➡11.2.)를 다시 한 번 학습하시기 바랍니다.

복합(과거) 제룬디오의 용도

'복합 제룬디오의 용도'는 단순 제룬디오의 용도와 동일합니다. 다음의 두 예문을 통하여 '이유'와 '양보를 나타내는 경우를 보겠습니다.

Avendo studiato, Mario ha ottenuto un buon risultato agli esami.
마리오는 공부를 했기 **때문에** 시험에서 좋은 결과를 얻었다.

Pur **avendo studiato**, Mario non ha ottenuto un buon risultato agli esami.
마리오는 공부를 했음에도 **불구하고** 시험에서 좋은 결과를 얻지 못했다.

밑줄 친 부분의 법과 시제에 주의하여 다음 문장을 우리말로 해석하시오.

> a) Preferisco usare il treno, così <u>viaggiando</u> posso riposarmi.
> b) <u>Sbagliando</u> s'impara.
> c) Non <u>studiando</u>, Maria è stata bocciata all'esame d'italiano.
> d) <u>Avendo ricevuto</u> quella notizia, Roberto ha smesso di preoccuparsi.
> e) <u>Essendo arrivata</u> in anticipo, Maria ha dovuto aspettare quasi mezz'ora.

정답
a) 나는 기차를 이용하는 것을 선호한다. 그러면 여행을 할 때 휴식을 취할 수 있다.
b) 실수함으로써, 배운다.
c) 마리아는 공부를 하지 않았기 때문에 이탈리아어 시험에서 낙방했다.
d) 로베르토는 그 소식을 들었기 때문에 걱정하는 것을 멈추었다.
e) 마리아는 일찍 도착했기 때문에 거의 30분을 기다려야만 했다.

일상생활에서 많이 사용하는 '막 -하려는 참이다'와 '-하는 중이다' 라는 표현을 익혀봅시다.

① **Sto per** prendere un caffè.

나는 막 커피를 마시려던 참이다.

② **Sto prendendo** un caffè.

나는 커피를 마시고 있는 중이다.

문장 ① **'stare＋per＋동사원형**' : 막 -하려는 참이다' 라는 표현으로 아직 동작을 '시작을 하지 않은 상태'(커피를 아직 마시지 않은 상황)의 경우로 'essere sul punto di＋동사원형' 이라는 표현으로 대신할 수 있습니다.

문장 ② **'stare＋제룬디오**' 형태는 '이미 시작을 한 상태'(커피를 이미 마시고 있는 중인 상황)을 뜻합니다.

또 다른 예를 봅시다.

① **Sto studiando** l'italiano.

나는 이탈리아어를 공부하는 중이다.

② **Sto per studiare** l'italiano.

　나는 이탈리아어 공부를 하려고 한다.

　그러므로 'stare＋제룬디오'는 이미 '시작을 한 상태'를 나타
내고, 'stare＋per＋동사원형'은 아직 '시작을 하지 않은 상태'
를 나타냅니다.

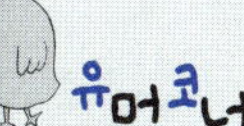

얼음

아이가 싱크대 앞에서 울고 있습니다.
그 앞을 지나던 아빠가 묻습니다.
"얘야, Perché **stai piangendo**? 너 왜 울고 있니?
아이가 대답합니다.
"따뜻한 물속으로 얼음이 떨어졌는데 찾을 수가 없어요."

제 16 과

가정문
(Periodo ipotetico)

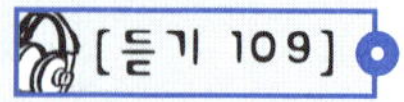

Lucia è già al mare? 루치아는 벌써 바다에 갔니?

Marco : Anna, Lucia è già al mare?

안나, 루치아는 벌써 바다에 갔니?

Anna : Credo di sì. 그런 것 같아.

Marco : Quando Lucia è venuta da me, mi ha detto che sarebbe partita l'indomani con la famiglia.

루치아가 나에게 왔을 때, 가족과 함께 다음 날 떠날 것이라고 말했거든.

Anna : **Se avessi avuto** tempo, **sarei andata** con loro.

만일에 내가 시간이 있었더라면, 그들과 함께 갔을 텐데.

위의 대화문에서 'Se avessi avuto tempo, sarei andata con loro'가 '가정문' 문장입니다.

조건 '만일 ~이라면'을 의미하는 'se'로 시작되는 문장은 가능성의 정도에 따라서 다음과 같이 크게 3가지의 형태를 갖습니다.

16.1. 현실성 있는 가정(Ipotesi reale)

현재 실제로 발생하는 사건이나 행동 또는 미래에 확실히 일어날 일에 대한 가정을 나타냅니다. 그러므로 현실성 또는 확실성이 있는 가정을 의미합니다. Se(만일 ~이라면)로 시작하는 조건을 나타내는 '조건절'과 조건의 결과를 나타내는 '결과절(주절)'에 모두 **'직설법'** 시제를 사용합니다.

a) **Se piove**, non **esco**. (현재에 현실성이 있는 가정)
    Se + **직설법** 현재   **직설법** 현재

비가 온다면, 나는 외출하지 않겠다.

b) **Se** non **studierai**, non **sarai promosso**.
    Se + **직설법** 단순미래   **직설법** 선립미래 (미래에 현실성이 있는 가정)

네가 공부를 하지 않는다면, 진급하지 못할 것이다.

c) **Se** Mario non **è partito**, **è stata** solo colpa sua.
    Se + **직설법** 근과거   **직설법** 근과거 (과거에 현실성이 있는 가정)

만일에 마리오가 출발하지 않았다면, 그것은 오로지 그의 잘못이었다.

실제로 이와 같은 확실한 가정을 나타내는 가정문의 형태는 **se절에나 조건의 결과를 나타내는 절에 모두 '직설법'** 형태를 그대로 사용하기 때문에 쉽게 사용할 수 있습니다.

그러므로 '**현실성있는 가정**'을 표현하고자 할 때는 다음과 같은 문장 형태를 갖습니다.

현실성이 있는 가정 : se+직설법　+　직설법
　　　　　　　　　　　　(조건)　　　　(결과)

우리가 좀 더 시간을 가지고 학습해야 하는 표현은 다음과 같은 '가능한 가정'과 '불가능한 가정'의 표현 방식이라고 할 수 있습니다. 이러한 표현에는 우리가 조금 전에 학습한 '**접속법**' 형태와 더불어 '**조건법**' 형태가 동시에 사용됩니다. 그러므로 여러분께서는 동사의 '접속법(제 13과)' 형태(특히 접속법 반과거 및 접속법 대과거)와 '조건법(제 12과)' 현재와 과거 형태를 다시 한 번 복습하시고, 가정문 형태를 학습하시기 바랍니다.

먼저 '가능성이 있는 가정'을 표현하는 방식을 알아보도록 하겠습니다.

16.2. 가능한 가정(Ipotesi possibile)

'가능성 있는 가정'은 현재나 미래에 있어서 발생할 가능성이 있는 사건 또는 행위에 대한 가정을 나타냅니다. 하지만 그러한 사건 또는 행위가 실제로 뒤따를지는 알 수 없습니다.

○ **Se facesse** bel tempo, **andrei** a fare una passeggiata.
　　se + 접속법 반과거　　　　　　조건법 현재

날씨가 좋다면, 나는 산책하러 갈 것이다.

위 문장을 살펴보면 **가정을 나타내는 se** 다음에 fare(~하다) 동사의 '**접속법 반과거**' 형태가 사용되었고, **가정의 결과**를 나타내는 문장에는 andare 동사의 '**조건법 현재**' 형태가 사용되었습니다. 즉, 이와 같은 표현은 현재에 있어서 '**가능성이 있는 가정**'을 나타낼 때 사용합니다. 또 다른 문장을 예로 들어보겠습니다.

○ **Se vincessi** alla lotteria, **farei** il giro del mondo.
　　se + 접속법 반과거　　　　　　조건법 현재

　내가 로또에 당첨된다면, 세계여행을 할 것이다.

　위 문장에서도 **가정을 나타내는 se** 다음에 vincere(승리하다) 동사의 '**접속법 반과거**' 형태가 사용되었고, **가정의 결과**를 나타내는 문장에는 fare 동사의 '**조건법 현재**' 형태가 사용되었습니다.

　그러므로 '**현재의 가능성 있는 가정**'을 표현하고자 할 때는 다음과 같은 문장 형태를 갖습니다.

현재의 가능성이 있는 가정 : se + 접속법 반과거　+　조건법 현재
　　　　　　　　　　　　　　　　　(조건)　　　　　　　(결과)

　다음은 '불가능한 가정'을 표현하는 문장 형태를 알아보도록 하겠습니다.

16.3. 불가능한 가정(Ipotesi impossibile)

　'불가능한 가정'은 '**현재와 미래에 있어서의 불가능성**'을 나타내는 표현과 '**과거에 있어서의 불가능성**'을 나타내는 표현이 있습니다.

먼저 '**현재와 미래에 있어서의 불가능한 가정**'을 나타내는 형태는 바로 위에서 학습한 현재에 있어서 '**가능성 있는 가정**'의 형태와 동일합니다. 다음 예를 보겠습니다.

Se ci fosse il latte, **farei** un cappuccino.
　　se + 접속법 반과거　　　조건법 현재
우유가 있다면, 카푸치노를 만들 텐데.

위 문장은 현재 '우유가 없기 때문에 카푸치노를 만드는 것이 불가능하다'는 의미입니다. 위 문장을 살펴보면 **가정을 나타내는 se** 다음에 essere(~이다) 동사의 '**접속법 반과거**' 형태가 사용되었고, **가정의 결과**를 나타내는 문장에는 fare 동사의 '**조건법 현재**' 형태가 사용되었습니다.

보시다시피 현재에 있어서의 '가능성있는 가정'과 '불가능한 가정'의 형태가 **동일**하기 때문에 **문장의 내용과 상황에 맞도록 사용하고 판단해야** 합니다.

현재와 미래의 불가능한 가정 : se+접속법 반과거 + 조건법 현재
　　　　　　　　　　　　　　　　　(조건)　　　　　(결과)

다음은 '**과거에 있어서의 불가능한 가정**'의 형태를 알아봅시다.

Se Mario **fosse partito** prima, **avrebbe preso** il treno.
　　　　se + 접속법 대과거　　　　　　　조건법 과거
만일에 마리오가 일찍 출발했더라면, 기차를 탔을 것이다.

위 문장의 의미는 'Mario가 일찍 출발을 하지 않았기 때문에, 그 결과 기차를 놓쳤다'는 의미입니다. 즉, '과거로 다시 돌아가 Mario가 다시 일찍 출발해서 기차를 타는 것 불가능하다'는 것을 나타냅니다. 이와 같은 문장 형태는 **과거**에 실현이 불가능했던, **과거**로 돌아가서 다시 할 수 없는 과거의 사건 또는 행동에 대한 **'불가능한 가정'**을 표현할 때 일반적으로 사용하는 방식입니다.

위 문장을 살펴보면 **가정을 나타내는** se 다음에 partire(출발하다) 동사의 **'접속법 대과거'** 형태(partire 동사는 essere 동사를 보조동사로 취합니다. 이 경우에는 주어인 Mario가 3인칭 남성 단수이므로 과거분사의 형태는 partito가 된다는 사실을 반드시 기억하시기 바랍니다)가 사용되었고, **가정의 결과**를 나타내는 문장에는 prendere 동사의 **'조건법 과거'** 형태(prendere 동사는 avere동사를 보조동사로 취합니다)가 사용되었습니다. 또 다른 문장을 예로 들어보겠습니다.

○ **Se** Anna **fosse tornata** prima, **sarebbe venuta** alla festa del mio compleanno.
　　　se + 접속법대과거　　　　　조건법 과거

만일에 안나가 일찍 돌아왔더라면, 내 생일 잔치에 왔었을 것이다.

위 문장의 의미는 'Anna가 일찍 돌아오지 않았기 때문에, 그 결과 내 생일 잔치에 오지 못했다'는 의미입니다. 즉, '과거로 다시 돌아가 Anna가 일찍 돌아와서 내 생일 잔치에 오는 것은 불가능하다'는 것을 뜻합니다.

위 문장을 살펴보면 **가정을 나타내는** se 다음에 tornare(돌아오다) 동사의 **'접속법 대과거'** 형태(tornare 동사는 essere 동사를 보조동사로 취합니다. 이 경우에는 주어인 Anna가 3인칭 여성 단수이므로 과거분사의 형태는 tornata가 된다는 사실을 반드시 기억하시기 바랍니다)가 사용되었고, **가정의 결과**를 나타내는 문장에는 venire 동사의 **'조건법 과거'** 형태(venire동사는 essere동사를 보조동사로 취합니다. 이 경우에도 주어인 Anna가 3인칭 여성 단수이므로 과거분사의 형태는 venuta가 된다는 사실을 반드시 기억하시기 바랍니다)가 사용되었습니다.

결론적으로, 과거의 사건에 대한 **'불가능한 가정'**을 표현하고 자 할 때는 다음과 같은 문장 형태를 갖습니다.

과거의 불가능한 가정 : se+접속법 대과거 + 조건법 과거
(조건)   (결과)

* **'현재까지 영향을 미치는 불가능한 가정'**을 표현하는 경우에는 'se + 접속법 대과거+조건법 현재' 형태를 사용합니다. 다음 예문은 '어제 포도주를 다 마셨기 때문에 현재까지 머리가 아프다' 라는 표현입니다.

○ **Se** non **avessi bevuto** tutto quel vino ieri, ora non **avrei** questo mal di testa.

만일에 어제 그 포도주를 전부 마시지 않았다면, 지금 이렇게 머리가 아프지는 않을 것이다.

* 가정문을 만들 때, se가 '만일에 ~이라면' 이라는 뜻을 갖기 때문에, se 다 음에 동사의 조건법 형태를 사용해야 하는 것으로 착각합니다. 하지만 위 에서 학습했듯이 **동사의 조건법 형태는 가정문에서 '결과절에만 사용'** 한 다는 점에 꼭 **주의**하시기 바랍니다.

밑줄 친 부분의 법과 시제에 주의하여 다음 문장을 우리말로 해석하시오.

> 1. Se <u>posso</u>, ti <u>accompagno</u> a visitare Venezia.
> 2. Se <u>avrò</u> tempo, ti <u>darò</u> una mano.
> 3. Se <u>avessi</u> tempo, <u>prenderei</u> un caffè volentieri.
> 4. Se Mario <u>fosse venuto</u>, si <u>sarebbe divertito</u>.
> 5. Se Anna <u>fosse venuta</u>, si <u>sarebbe divertita</u>.

 1. 내가 할 수 있다면, 베네치아를 구경하도록 너를 데리고 다니 겠다. (현재의 확실한 가정)

2. 내가 시간이 있다면 너를 도와줄 것이다.(미래의 확실한 가정)
3. 내가 시간이 있다면, 기꺼이 커피를 마실 것이다.(가능성 있는 가정)
4. 만일에 마리오가 왔었다면, 즐겁게 놀았을 것이다. (과거의 실현 불가능한 사건)
5. 만일에 안나가 왔었다면, 즐겁게 놀았을 것이다. (과거의 실현 불가능한 사건)

Ne의 용도

1. 부분

A : Lo vuoi tutto? 너는 그것을 전부 원하니?

B : No, ne voglio poco. 아니, 나는 그것을 조금 원해.

(ne = poco, non tutto 조금)

2. 지시

A : Mi interessa la moda italiana.

나는 이탈리아 패션에 관심이 있다.

B : Ne parlo spesso con i miei amici.

나는 그것에 대해 친구들과 자주 말한다.

(ne = della moda italiana 이탈리아 패션에 대해서)

3. 장소

A : Sei stato in biblioteca? 넌 도서관에 있었니?

B : Sì, ne vengo ora. 응, 지금 그곳에서 오는 중이야.

(ne = dalla biblioteca 도서관으로부터)

제 17 과

수동태
(Forma passiva)

Come si chiama questa magnifica piazza?
이 멋있는 광장 이름이 뭐지?

Marco : Anna, come si chiama questa magnifica piazza?

안나, 이 멋있는 광장이름이 뭐지?

Anna : Questa è Piazza di Spagna, una delle più belle piazze di Roma.

이것은 스페인 광장이야. 로마의 광장 중에서 가장 아름다운 광장 중의 하나야.

Marco : E questa scalinata monumentale?

이 기념비적인 계단은?

Anna : **È stata costruita** da due geniali architetti nel Settecento.
1700년대에 두 명의 천재적인 건축가에 의해 만들어졌어.

위의 대화문에서 'È stata costruita' 가 '수동형태' 입니다. 즉, '계단이 두 명의 건축가에 **의해서** 만들어 졌다' 는 수동의 형태를 보여주고 있습니다.

이 과에서는 '**수동태**' 에 관해 살펴보도록 하겠습니다. 우선 '수동태' 를 만들기 위해서는 문장에 사용된 '**동사가 반드시 타동사**' 이어야 합니다. 목적어를 필요로 하는 타동사가 사용된 문장은 능동태뿐만 아니라 수동태 문장으로도 사용될 수 있습니다. '자동사' 는 능동태로만 사용되기 때문에 '수동태를 만들 수 없습니다.'

수동태의 대표적 형태는 '**essere +타동사의 과거분사 + (da)**' 입니다. essere 동사 대신에 venire 또는 andare 동사가 사용되기도 합니다.

다음 문장을 통해서 능동 형태가 어떻게 수동 형태로 변환되는지 직설법 형태를 중심으로 살펴보겠습니다.

1) 능동태 : 직설법 현재 시제
→ 수동태 : essere 직설법 현재형＋타동사 과거분사＋da.
능동태 : Marco **invita** Anna. 마르꼬는 안나를 초대한다.
→ 수동태 : Anna **è invitata** da Marco. 안나는 마르꼬에 의해서 초대되어진다.

2) 능동태 : 직설법 근과거 시제
→ 수동태 : essere 직설법 현재형＋stare의 과거분사＋타동사 과거분사＋da.

능동태 : Marco **ha invitato** Anna.

마르꼬는 안나를 초대했다.

→ 수동태 : Anna **è stata invitata** da Marco.

안나는 마르꼬에 의해서 초대되어졌다.

[듣기 110]에 예시한 문장이 바로 이 경우에 속합니다.

능동태 : Due geniali architetti **hanno costruito** questa scalinata nel Settecento.

두 명의 천재적인 건축가는 1700년대에 이 기념비적인 계단을 만들었다.

→ 수동태 : (Questa scalinata monumentale) È **stata costruita** da due geniali architetti nel Settecento.

(이 기념비적인 계단은) 1700년대에 두 명의 천재적인 건축가에 의해 만들어졌다.

3) 능동태 : 직설법 단순미래 시제

→ 수동태 : essere의 직설법 단수 미래형＋타동사 과거분사＋da.

능동태 : Marco **inviterà** Anna. 마르꼬는 안나를 초대할 것이다.

→ 수동태 : Anna **sarà invitata** da Marco. 안나는 마르꼬에 의해서 초대되어질 것이다.

※ 수동의 Si(Si passivante).

수동의 si는 아래의 예문 ①의 경우처럼 '**si**＋3인칭 **단수 동사**＋**단수 명사**' 또는 ②의 경우처럼 '**si**＋3인칭 **복수 동사**＋**복수 명사**' 형태로 나타냅니다. 복합시제의 경우 보조동사는 아래의 예문 ③과 ④의 경우처럼 avere동사를 사용하지 않고, **항상 essere 동사를 사용**합니다. 과거분사의 형태는 **주어의 성수에 일치**해야 합니다.

① Dalla finestra **si vede un albero**.

창문에서는 나무가 보인다.

② Dalla finestra **si vedono degli alberi**.

창문에서는 나무들이 보인다.

③ Dalla finestra **si è visto un albero**.

창문에서는 나무가 보였다.

④ Dalla finestra **si sono visti degli alberi**.

창문에서는 나무들이 보였다.

‘수동의 si’ 경우에 일반적인 사람이 주어임을 나타내는 ‘비인칭의 si’ 와 혼동할 염려가 있습니다. 다음은 ‘비인칭의 si’ 에 관한 예입니다. 수동태의 si와는 달리 ‘비인칭의 si’ 의 경우는 동사 뒤에 주어 역할을 하는 명사가 오지 않습니다.

> **‘비인칭의 Si(Si impersonale)’**
>
> ‘비인칭의 si’ 는 ‘si＋3인칭 **단수 동사**’ 의 형태를 취하며, **si가 문장의 주어**입니다. 그러므로 이 경우의 **si는 일반적인 사람**을 의미하는 uno, qualcuno, chiunque 등의 의미를 지니고 있습니다. **복합시제**의 경우 아래의 예문 ②의 경우처럼 본동사(mangiare)가 **avere** 동사를 취하는 경우에는 ‘si＋essere 3인칭 단수 동사＋과거분사(**-o**)’ 의 형태를 취하며, 아래의 예문 ④의 경우처럼 본동사(andare)가 **essere** 동사를 취하는 경우에는 ‘si＋essere 3인칭 단수 동사＋과거분사(**-i**)’ 의 형태를 취합니다.

① In questo ristorante **si mangia** bene.

이 식당에서 **사람들은** 잘 먹는다.

② In questo ristorante **si è mangiato** bene.

이 식당에서 **사람들은** 잘 먹었다.

③ La mattina **si va** a lavorare presto.

아침에 **사람들은** 일찍 일하러 간다.

④ La mattina **si è andati** a lavorare presto.

아침에 **사람들은** 일찍 일하러 갔다.

> 위의 예에서 알 수 있듯이 ‘수동의 si’ 와 ‘비인칭의 si’ 를 구별하는 방법은 그리 어렵지 않습니다. 즉 ‘수동의 si’ 는 반드시 **문장 속에 목적격 형태의 주어**(un albero, degli alberi)가 있는 반면에, ‘비인칭의 si’ 는 **si 자체가** 일반적인 사람을 나타내는 **주어**이므로 다른 주어가 없습니다.

제 18과

화 법
(Discorso)

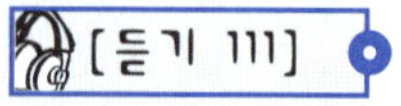

Mi ha detto che è una questione privata.
그는 사적인 문제라고 내게 말했어.

Mario : Anna, hai incontrato Paolo?

안나, 너 빠올로 만났니?

Anna : No, non l'ho incontrato. Perché?

아니, 나는 그를 만나지 못했는데. 왜?

Mario : Perché ti cercava urgentemente. **Mi ha detto che** voleva parlare con te il più presto possibile.

그가 너를 급히 찾았기 때문이야. 그가 너와 가능한 한 빨리 말을 해야 한다고 내게 말했어.

Anna : Sai di che cosa si tratta?

무엇에 대한 것인지 아니?

Roberto : No, non lo so. **Mi ha detto che** è
una questione privata.

아니. 나는 그것이 뭔지 몰라. 그는 사적인
문제라고 내게 말했어.

위의 대화문에서 'Mi ha detto che ~'의 형태가 '간접화법' 형태입니다. 이번 과에서는 '직접화법'을 '간접화법'으로 변환하는 방법을 학습해보겠습니다.

다음 두 개의 예문을 살펴봅시다.

① Mario dice: "**Io sono felice**."

마리오는 "**난** 행복해"라고 말한다.(직접화법)

② Mario dice **che lui è felice**.

마리오가 말하는데 **그는** 행복하데.(간접화법)

위의 두 문장 모두 Mario가 한 말을 제 3자에게 전달하는 방식을 보여주고 있는데, 그 차이가 있음을 알 수 있습니다.

먼저 문장 ①의 형태를 보면, 쌍따옴표(" ")안에 Mario가 한 말을 그대로 옮겨놓았다는 것을 알 수 있습니다. Mario dice: "Io sono felice"라는 문장 전체의 주어는 Mario인데, 쌍따옴표("Io sono felice")안에 있는 주어인 Io 역시 Mario입니다. 즉 문장 ①은 [Mario dice "Io(Mario) sono felice."]의 의미입니다. 이와 같이 쌍따옴표(" ") 혹은 꺽쇠(《 》) 표시를 사용해서 상대방이 표현한 형태를 **그대로 옮겨** 다른 사람에게 전달하는 방식을 '**직접화법**' 이라고 합니다.

반면에 문장 ②의 경우를 보면, 문장 ①에 있던 (:)와 쌍따옴표(" ")를 '생략' 하고 접속사 'che를 사용' 하였으며, che이하의 문장(è felice)에서도 sono가 è로 바뀌었음을 알 수 있습니다. 즉 문장 ②는 [Mario dice che lui(Mario) è felice.]의 의미입니다. 이 경우에는 상대방이 표현한 형태를 **말을 전하는 사람의 기준으로 바꿔서** 다른 사람에게 전달하고 있습니다. 이와 같은 방식을 '간접화법' 이라고 합니다.

자, 그럼, 직접화법을 간접화법으로 바꾸는 방법을 학습해 봅시다.

인도절의 시제가 '현재' 또는 '미래' 일 때 : 직접화법 → 간접화법

◯ Maria **dice** a Anna: "**Io vorrei** una sciarpa come la **tua**."
(직접화법)

Maria는 Anna에게 말한다 : "**나**(Maria)는 **네**(Anna) 것과 같은 스카프를 원해."

→ Maria **dice** a Anna **che lei vorrebbe** una sciarpa come la **sua**.
(간접화법)

Maria가 Anna에게 **그녀**(lei-Maria)는 **그녀**(la sua-Anna)의 것과 같은 스카프를 원한다고 말한다.

위의 예에서 보듯이 문장을 이끄는 인도절의 동사인 dice가 직설법 '현재형' 이므로 문장 전체에서 인칭의 변화에 따른 동사의 형태 변화만 있을 뿐 '**vorrei**(조건법 현재)에서 **vorrebbe**(조건법 현재)' 로 **동사의 시제 변화는 전혀 없습니다** (단, 명령법의 경우는 'di+동사원형' 형태를 취합니다).

이처럼 '**인도절의 시제가 현재(또는 미래)일 때**' 직접화법에서 간접화법으로 바꾸는 방법을 알아봅시다. 무조건 형태가 변하는 것을 외울 것이 아니라, 조금 어려운 것 같지만 문장을 놓고 차분히 생각해 보시기 바랍니다. 그러면 형태가 왜 그렇게 변하는 지 이탈리아어를 처음 접하시는 분들도 충분히 이해할 수 있다고 확신합니다.

a) '인칭대명사'는 다음과 같이 변화합니다.

먼저 조금 전에 예로 들은 문장을 보면, 직접화법 문장의 "Io vorrei~"에서 'Io'가, 간접화법 문장으로 바뀌면서 '그 여자'를 의미하는 'lei'로 바뀌었음을 알 수 있습니다. 이렇게 바뀌는 이유를 잘 생각해 보면, 직접화법에서는 Maria의 말을 그대로 옮겨서 표현하기 때문에 'Io(=Maria)'가 되지만, 간접화법에서는 전하는 사람에게 있어서 Maria는 '그 여자(lei=Maria)'가 되기 때문입니다.

그러므로 인칭대명사는 종속절에서 다음과 같이 변화합니다.

직접화법	간접화법
io(나) ⟶	lui(그 남자)
	또는 lei(그 여자)
noi(우리) ⟶	loro(그들)

b) '소유형용사 및 소유대명사'는 다음과 같이 변화합니다.

먼저 위의 직접화법 문장에서 소유대명사인 'tua(네 것)'가, 간접화법 문장으로 바뀌면서 'sua(그 여자의 것)'로 바뀌었음을 알 수 있습니다. 이 경우도 말을 전하는 사람의 기준으로 볼 때 '네 것'이 아니라, '그녀의 것'이 되기 때문에 'tua(네 것)'를 'sua(그 여자의 것)'로 바꿔주어야 한다는 것을 알 수 있습니다.

그러므로 소유형용사 및 소유대명사 형태는 종속절에서 다음과 같이 변화합니다. 소유대명사의 경우는 "~의 것"이라고 해석해주면 됩니다.

직접화법	간접화법
mio(나의), tuo(너의) ⟶	suo(그의, 그녀의)
mia(나의), tua(너의) ⟶	sua(그의, 그녀의)
miei(나의), tuoi(너의) ⟶	suoi(그의, 그녀의)
mie(나의), tue(너의) ⟶	sue(그의, 그녀의)
nostro/nostra/nostri/nostre(우리의) ⟶	loro(그들의)

c) '지시형용사 및 지시대명사' 는 다음과 같이 변화합니다.

직접화법	간접화법
questo(a, i, e)(이) ⟶	quello(a, i, e)(그)

d) '직접 목적 인칭대명사' 는 다음과 같이 변화합니다.

직접화법	간접화법
mi(나를) ⟶	lo(그를) 또는 la(그녀를)
ci(우리를) ⟶	li(그들을) 또는 le(그녀들을)

e) 간접 목적 인칭대명사는 다음과 같이 변화합니다.

직접화법	간접화법
mi(나에게) ⟶	gli(그에게) 또는 le(그녀에게)
ci(우리에게) ⟶	gli(그들에게)

f) '재귀 인칭대명사' 는 다음과 같이 변화합니다.

Mario e Paola dicono: "Noi **ci** amiamo." (직접화법)

Mario와 Paola는 말한다: **"우리는** 서로 사랑한다."

➡ Mario e Paola dicono che loro **si** amano. (간접화법)

Mario와 Paola는 **그들이 서로** 사랑한다고 말한다.

위의 문장을 살펴보면, 직접화법 문장에서 간접화법 문장으로 바뀔 때, 우선 (:) 표시와 쌍따옴표(" ")가 생략되고, 접속사

che가 사용됨을 알 수 있습니다. 그 다음으로 말을 전하는 사람의 입장에서는 '그들'에 해당하기 때문에 인칭대명사 'noi(우리는)'는 'loro(그들)'로 변환되며, 재귀 인칭대명사 'ci(우리는 서로)'는 'si(그들은 서로)'로 바뀌는 것입니다.

그러므로 재귀 인칭대명사 형태는 종속절에서 다음과 같이 변화합니다.

직접화법	간접화법
mi(나는 나를) ⟶	si(그는 그를)
ci(우리는 우리를) ⟶	si(그들은 그들을)

g) '장소부사'는 다음과 같이 변화합니다.

　Roberto dice: "Io vorrei stare **qui**." (직접화법)

　로베르또는 말한다: "**나는 이곳에** 있고 싶어."

　➡ Roberto dice che lui vorrebbe stare **lì**. (간접화법)

　로베르또가 **그는 그곳에** 있고 싶다고 말한다.

위의 문장을 살펴보면, 직접화법 문장에서 간접화법 문장으로 바뀔 때, 우선 (:) 표시와 쌍따옴표(" ")가 생략되고, 접속사 che가 사용됨을 알 수 있습니다. 그 다음으로 인칭대명사 'Io(나)'는 'lui(그 남자)'로 변환되며, Roberto가 '이곳'이라고 말한 곳은 말을 전하는 사람의 입장에서는 '그곳'에 해당하기 때문에 'qui(이곳)'가 'lì(그곳)'로 변화하는 것입니다.

그러므로 장소를 나타내는 장소부사의 형태는 다음과 같이 변화합니다.

직접화법	간접화법
qui / qua(이곳) ⟶	lì / là(이곳)

🔵✲ 철자를 표기할 때 장소 '그곳'을 의미하는 단어인 'lì'의 i와 'là'의 à에 악센트 기호를 반드시 표시해야 하며, 발음할 때도 반드시 이곳에 강세를 주

어야 한다는 점을 잊지 마시기 바랍니다. 악센트 표기가 없는 'li'는 남성 복수('그들을', 또는 '그것들을')를 지시하는 '직접목적대명사'를 의미하며, 'la'의 경우는 여성 단수('그녀를', 또는 '그것을')를 지시하는 '직접목적대명사' 또는 '정관사'를 의미하기 때문입니다.

h)'시간부사'는 다음과 같이 변화합니다.

Roberto dice: "**Ora** me ne vado". (직접화법)

로베르또가 말한다: "나는 이제 간다."

→ Roberto dice che **ora** se ne va. (간접화법)

로베르또가 그는 이제 간다고 말한다.

위의 문장을 살펴보면, 직접화법 문장에서 간접화법 문장으로 바뀔 때, 우선 (:) 표시와 쌍따옴표(" ")가 생략되고, 접속사 che가 사용됨을 알 수 있습니다. 이 문장에서 시간을 나타내는 시간부사인 'ora(지금)'는 변함없이 그대로 사용됩니다.

그러므로 시간을 나타내는 시간부사의 형태는 다음과 같이 동일합니다.

직접화법		간접화법
ora(이제)	→	ora(이제)
oggi(오늘)	→	oggi(오늘)
domani(내일)	→	domani(내일)

i)'명령법'은 다음과 같이 변화합니다.

Il professore dice agli studenti: "Studiate l'italiano."

(직접화법)

선생님은 학생들에게 말한다: "이탈리아어를 공부해."

→ Il professore dice agli studenti **di studiare** l'italiano.

(간접화법)

선생님은 학생들에게 이탈리아어를 공부하라고 말한다.

위의 문장은 명령법이 사용된 문장입니다. 이렇게 명령법이 사용된 경우에는 직접화법 문장에서 간접화법 문장으로 바꿀 때 우선 (:) 표시와 쌍따옴표(" ")가 생략하는 것은 상기한 예들과 동일하지만, 접속사 che를 사용하지 않고 대신에 **'전치사 di + 동사원형'** 형태를 사용합니다.

직접화법	간접화법
명령법　　→	di + 동사원형

인도절의 시제가 '과거' 일 때 : 직접화법 → 간접화법

인도절의 시제가 **'과거'** 일 경우에는 위에서 학습한 인도절의 시제가 현재일 때 바뀌는 형태를 포함하여, che이하의 절에서 **시제의 형태가 반드시 변화**한다는 점에 유의해야 합니다. 다음의 문장을 통하여 직접화법에서 간접화법으로 바뀔 때, 종속절에서 시제의 형태가 어떻게 변하는지 함께 살펴봅시다.

a) 직설법 현재 → 직설법 반과거

Mario ha detto: "**Io sono** felice." (직접화법)

마리오는 말했다: "**난** 행복해."

→ Mario ha detto che **lui era** felice. (간접화법)

마리오는 **그가** 행복하다고 말했다.

b) 직설법 근과거 및 원과거 → 직설법 대과거

Roberto ha detto: "**Io sono rimasto** a casa." (직접화법)

로베르또는 말했다: "나는 집에 남아있었다."

→ Roberto ha detto **che lui era rimasto** a casa. (간접화법)

로베르또는 그가 집에 남아있었다고 말했다.

c) 직설법 단순미래(현재) ➡ 조건법 과거

Anna ha detto: "**Io andrò** in Italia." (직접화법)

안나는 말했다: "나는 이탈리아에 갈 거야."

➡ Anna ha detto **che lei sarebbe andata** in Italia. (간접화법)

안나는 그녀가 이탈리아에 가고 싶다고 말했다.

d) 조건법 현재 ➡ 조건법 과거

Carla ha detto: "**Io vorrei** leggere **questo** libro." (직접화법)

까를라는 말했다: "나는 이 책을 읽고 싶어."

➡ Carla ha detto **che lei avrebbe voluto** leggere **quel** libro. (간접화법)

까를라는 그녀가 그 책을 읽고 싶다고 말했다.

e) 가정문에서의 접속법 반과거 ➡ 접속법 대과거

Paolo ha detto: "Se **vincessi** alla lotteria, **comprerei** una Ferrari." (직접화법)

빠올로는 말했다: "내가 로또에서 당첨된다면, 나는 페라리를 구입할거야."

➡ Paolo ha detto **che se avesse vinto** alla lotteria, **avrebbe comprato** una Ferrari. (간접화법)

빠올로 그가 로또에서 당첨된다면, 그는 페라리를 구입할 거라고 말했다.

f) domani ➡ il giorno dopo / il giorno seguente

Laura ha detto: "**Io parto domani**." (직접화법)

라우라는 말했다: "나는 내일 떠날 거야."

➡ Laura ha detto **che lei partiva il giorno dopo**. (간접화법)

라우라는 그녀가 그 다음 날 떠날 거라고 말했다.

g) Ieri ➜ il giorno prima

Cristina ha detto: "**Ieri io ho mangiato** una pizza."(직접화법)

끄리스띠나가 말했다: "어제 나는 피자를 먹었어."

➜ Cristina ha detto **che il giorno prima lei aveva mangiato** una pizza.(간접화법)

끄리스띠나는 그녀가 그 전날 피자를 먹었다고 말했다.

h) Francesca ha detto: "Io sono partita due giorni fa."(직접화법)

프란체스까가 말했다: "나는 이틀 전에 출발했어."

➜ Francesca ha detto **che lei era partita** due giorni **prima**.(간접화법)

프란체스까는 그녀가 이틀 전에 출발했다고 말했다.

🔵 인도절의 시제가 '과거'일 때, 직접화법에서 간접화법으로 바꾸는 경우 종속절에서 시제의 변화는 다음과 같이 요약할 수 있습니다.

직접화법	간접화법
직설법 및 접속법 현재 ⟶	직설법 및 접속법 반과거
직설법 근과거 및 원과거 ⟶	직설법 대과거
직설법 단순미래 및 조건법 현재 ⟶	조건법 과거
직설법 반과거, 직설법 대과거 ⟶	그대로
접속법 반과거, 접속법 대과거 ⟶	그대로
가정문에서의 접속법 반과거 ⟶	접속법 대과거
ieri(어제) ⟶	il giorno prima (그 전날)
oggi(오늘) ⟶	quel giorno (그 날)
fa(前) ⟶	prima (前)
domani(내일) ⟶	il giorno dopo 또는 il giorno seguente (그 다음날)

직접화법 문장을 간접화법 문장으로 바꾸시오.

1. L'altro ieri Maria ha detto: "Oggi sono stanca."
   그저께 마리아는 말했다: "오늘 나는 피곤해."
2. Roberto ha detto: "Sono andato dal dentista."
   로베르또는 말했다: "나는 치과에 갔었다,"
3. Fabio ha detto: "Domani partirò per Roma."
   파비오는 말했다: "내일 나는 로마로 출발할 거야."
4. Antonio ha detto: "Penso che sia un buon libro."
   안또니오는 말했다: "나는 그것이 좋은 책이라고 생각해."
5. Andrea ha detto: "Ascoltami attentamente."
   안드레아는 말했다: "내 말을 주의깊게 들어."

1. Maria ha detto che quel giorno era stanca.
2. Roberto ha detto che era andato dal dentista.
3. Fabio ha detto che l'indomani sarebbe partito per Roma.
4. Antonio ha detto che pensava che fosse un buon libro.
5. Andrea ha detto di ascoltarlo attentamente.

제 19 과
부사, 접속사, 감탄사
(Avverbio, Congiunzioni, Interiezione)

19.1. 부사(Avverbio)

'부사'는 형태가 변하지 않는 '불변환 품사' 중의 하나로서, 다른 품사 즉, '동사', '형용사' 또는 '다른 부사'를 수식하여 그 의미를 변화시키거나 특정화하는 품사입니다.

먼저 부사의 형태를 알아보도록 하겠습니다. 부사의 형태에는 형용사에 부사 접미사인 **-mente**를 붙여서 부사를 만드는 경우와 단어 자체가 부사인 경우가 있습니다.

먼저 형용사를 부사로 변환하는 방법을 알아보겠습니다.

- 형용사의 기본형이 -o로 끝나면, -o를 -a로 바꾼 후 -mente를 붙여주면 됩니다.

  esatt**o** 확실한 ➡ esatt**amente** 확실하게

  pur**o** 순수한 ➡ pur**amente** 순수하게

- 형용사의 기본형이 felice처럼 -e로 끝나는 경우는 그대로

-mente만 붙여주면 됩니다.

felice 행복한 ➡ felice**mente** 행복하게

dolce 부드러운 ➡ dolce**mente** 부드럽게

🔵 형용사의 기본형이 -e로 끝나는 단어들 중 '모음+le', '모음+re'로 끝나는 단어는 -e를 제거하고 -mente를 붙입니다.

naturale 자연스러운 ➡ natura**lmente** 자연스럽게

particolare 특수한 ➡ particola**rmente** 특수하게

단어 자체가 부사인 경우는 **단어의 의미에 따라** 장소를 나타내는 '장소부사', 방법, 방식을 나타내는 '방법부사', 긍정 표현을 나타내는 '긍정부사', 부정 표현을 나타내는 '부정부사', 수량을 나타내는 '수량부사', 시간을 나타내는 '시간부사', 질문을 나타내는 '의문부사' 가 있습니다.

1) 장소부사

Quando arrivate **là**, voltate a sinistra.

당신들은 **저기**에 도착했을 때, 왼쪽으로 방향을 바꾸세요.

🔵 'là' 외에도 **장소부사**에는 'dove 어디에', 'lì 저기', 'su 위에', 'giù 아래에', 'avanti 앞에', 'dietro 뒤에', 'vicino 가까이에', 'lontano 멀리에', 'a sinistra 왼쪽에', 'a destra 오른쪽에' 등이 있습니다. '장소부사'인 là의 à, lì의 ì에 있는 악센트는 반드시 표기해야 합니다. 만일에 악센트 표시가 없으면, la(정관사 또는 대명사), li(대명사)가 되기 때문입니다. 그리고 '~에 가까이에'의 경우에는 'vicino **a** ~', '~부터 멀리'는 'lontano **da**~' 입니다. 이 경우에는 전치사에 주의하시기 바랍니다. 📖 **Lontano dagli** occhi, **lontano dal** cuore. 눈에서 멀어지면, 마음에서도 멀어진다(안보면 멀어진다).

2) 방법부사

Sto **bene**. 나는 잘 지낸다.

> ⬛✱ 'bene(잘)' 외에도 **'방법부사'** 에는 'naturalmente 자연스럽게' 등 대부분
> 의 -mente로 끝나는 단어들과 'piano 천천히', 'volentieri 기꺼이', 'male
> 나쁘게' 등이 있습니다.

3) 긍정 및 부정부사

Vorresti imparare l'italiano? 너는 이탈리아어 배우고 싶니?

- **Sì**, vorrei imparare l'italiano.

  응, 나는 이탈리아어 배우고 싶어.

- **No**, **non** vorrei imparare l'italiano.

  아니, 나는 이탈리아에 가고 싶지 **않아**.

> ⬛✱ '예' 에 해당하는 'sì' 가 **'긍정부사'** 이며, '아니오' 에 해당하는 'no' 는 **'부
> 정부사'** 입니다. 긍정을 나타내는 '긍정부사' 로는 'certo, certamente 틀
> 림없이', 'sicuro, sicuramente 확실하게', 'davvero 정말로', 'senz'altro
> 분명하게' 등이 있습니다. 'no' 와 더불어 동사, 형용사, 부사 앞에 위치하
> 여 그 의미를 부정하는 'non' 또한 **'부정부사'** 입니다. 이 외의 '부정부사'
> 로는 'mai 전혀', 'nemmeno, neppure - 도 아닌' 등이 있습니다.

4) 수량부사

Studio **molto**. 나는 공부를 **많이** 한다.

> ⬛✱ 'molto, 많이' 처럼 나타내는 **'수량부사'** 에는 'tanto 많이', 'poco 조금',
> 'troppo 너무', 'più 더', 'meno 덜', 'niente 아무것도 없이' 등이 있으
> 며, 정확한 양이 아니라 **'부정확한 양'** 을 나타냅니다. 'molto', 'tanto',
> 'poco' 등과 같은 부사는 명사를 수식하는 '형용사' 로 사용될 경우에 형
> 태가 명사의 성(性)·수(數)에 따라 변합니다. 하지만 부사로 사용될 경우
> 는 형태가 변하지 않습니다.

5) 시간부사

Puoi venire **subito** da me? 너는 나에게 즉시 올 수 있니?

6) 의문부사

Dove vai? 너 어디에 가니?

'부사의 위치'는 문장의 어느 곳이든지 위치할 수 있습니다. 그러나 일반적으로 동사를 수식하는 경우는 아래 예문에서 ①의 경우처럼 **동사 뒤**에, 형용사와 명사를 수식하는 경우는 아래 예문의 ②와 ③의 경우처럼 **형용사와 명사의 앞**에 주로 위치합니다.

① Marco parla **molto**. 마르꼬는 말을 많이 한다.

② Sono **molto** contento. 나는 매우 기쁘다.

③ Ha scritto **prevalentemente** poesie. 그는 주로 시(詩)를 썼다.

밑줄 친 부분에 주의하여 다음 문장을 우리말로 해석하시오.

> 1. <u>Solo</u> Paolo gioca a golf con Marco.
> 2. Paolo <u>solo</u> gioca a golf con Marco.
> 3. Paolo gioca <u>solo</u> a golf con Marco.
> 4. Paolo gioca a golf <u>solo</u> con Marco.

1. <u>빠올로만</u> 마르꼬와 골프를 친다. (Roberto 또는 Mario가 아니라 빠올로만)
2. 빠올로는 마르꼬와 골프 치는 <u>것만</u> 한다. (다른 것은 하지 않는다)
3. 빠올로는 마르꼬와 골프만 친다. (축구 또는 배구 같은 것은 하지 않는다)

4. 빠올로는 <u>마르꼬하고만</u> 골프를 친다.
   (다른 사람하고는 골프를 치지 않는다)

🔵* solo의 경우는 위치에 따라 문장의 의미에 영향을 끼칩니다.

19.2. 접속사(Congiunzioni)

'접속사'는 형태가 변하지 않는 '불변환 품사'의 일종으로, '단어와 단어' 또는 '문장과 문장'을 연결해주는 역할을 하는 품사입니다.

'접속사'는 **형태에 따라** 'e 그리고', 'o 또는', 'ma 그러나' 등과 같은 **'단순 접속사'**와 'oppure(o+pure) 혹은', 'neanche(ne+anche) ~조차도' 등과 같은 **복합 접속사**로 구분됩니다.

반면에 문장에서의 **역할에 따라** 문장의 성분들을 대등하게 연결시켜 주는 **'등위 접속사'**와 문장에서 주절과 종속절을 연결시켜주는 **'종속 접속사'**로 구분합니다.

먼저, '등위 접속사'에는 단어의 **'의미'**에 따라 'e 그리고', 'anche 또한', 'neppure ~조차도'와 같은 '연결 접속사', 'o 또는', 'oppure 혹은' 등과 같은 '분리 접속사', 'ma 그러나', 'però 하지만', 'invece 반대로' 등과 같은 '반대 접속사', 'cioè 즉', 'infatti 사실' 등과 같은 '서술 접속사', 'perciò 그러므로, quindi 즉, ebbene 등과 같은 '결과 접속사'가 있습니다. 이와 같은 접속사가 사용된 다음 예문을 해석해 보시기 바랍니다.

① Vorrei comprare una maglietta **e** un paio di pantaloni.
   나는 스웨터와 바지 한 벌을 사고 싶다.

② Preferisci andare al cinema **o** a teatro?

너는 영화 보러 가는 것을 더 좋아하니, 아니면 연극 보러 가는 것을 더 좋아하니?

③ Marco è simpatico, **ma** a volte parla troppo.

마르꼬는 마음씨가 좋다. 하지만 가끔 말을 너무 많이 한다.

④ Anna arriverà la prossima domenica, **cioè** il quindici.

안나는 다음 일요일, 즉, 15일에 도착할 것이다.

⑤ Oggi scade il termine del permesso di soggiorno, **pertanto** lo devo rinnovare.

오늘 체류허가증 기간이 끝난다. 그러므로 나는 그것을 연장해야만 한다.

주절과 종속절을 이어주는 '종속 접속사'로서 가장 대표적인 것은 'che'입니다. 종속 접속사에는 '단어의 의미'에 따라 'perché 왜냐하면, poiché ～때문에' 등과 같은 '이유', affinché ～위해서, 'perché ～위해서' 등과 같은 '목적', 'così ～che 너무～해서 그 결과 ～하다', 'tanto ～che 너무 ～해서 그 결과 ～하다' 등과 같은 '결과', 'quando ～ 때', 'mentre ～동안' 등과 같은 '때', 'anche se 비록 ～일지라도', 'sebbene ～에도 불구하고' 'benché ～일지라도' 등과 같은 '양보'를 나타내는 접속사가 있습니다. 이와 같은 접속사가 사용된 다음 예문을 해석해 보시기 바랍니다.

① Maria è così simpatica **che** tutti la invitano.

마리아는 너무 마음씨가 좋아서, 모두가 그녀를 초대한다.

② Ho rinunciato all'invito, **perché** ero troppo stanco.

나는 초대를 거절했다. 왜냐하면 너무 피곤했기 때문이다.

③ Faccio di tutto **perché** tu possa essere contenta.

나는 네가 만족할 수 있도록 모든 것을 하겠다.

> ❋ perché 뒤에 접속법이 오는 경우, perché는 '목적(~위해서)' 의 의미
> 로 사용됩니다.

④ Marco parlava **così** veloce **che** non si riusciva a capire niente.

마르꼬가 말을 너무 빨리해서 아무것도 이해할 수 없었다.

⑤ **Quando** Paolo è arrivato, ha salutato tutti.

빠올로는 도착했을 때, 모두에게 인사했다.

⑥ **Benché** sia troppo stanco, lavora troppo.

너무 피곤할 지라도 그는 일을 너무 많이 한다.

19.3. 감탄사(Interiezione)

'감탄사' 그 형태가 변하지 않는 **불변환 품사** 의 일종으로, '기쁨, 고통, 놀람, 걱정, 노여움 등의 감정 또는 명령, 인사' 등을 표현하기 위해 사용합니다.

본질적 감탄사 에는 Ah!(아!), oh!(오!), ahime!(아이고!) ehi!(에이!) 등이 있으며, **비본질적 감탄사** 에는 bene!(좋아!), bravo!(잘한다!) peccato!(제기랄!), basta!(그만!) zitto!(조용!), auguri!(축하합니다!), ciao!(안녕!), buona notte!(잘 자요!) 등이 있습니다. 이 외에도 Dio mio!(하느님 맙소사!) Mamma mia!(아이고 어머니!) 등과 같은 형태와 시계소리를 나타내는 tic-tac, 고양이 울음소리인 miau-miau, 개가 짖는 소리인 bau-bau, 닭이 우는 소리인 cocodé... 등 동물의 울음소리도 감탄사에 속합니다

제20과

문장의 구조

이번 과에서는 이탈리아 문장의 구조에 대해 살펴보겠습니다.

문장을 전체적으로 분석할 경우에는 단어를 '관사', '명사', '동사' 등으로 부르지 않고, 문장에서의 **역할에 따라** '주어', '술어(서술어)', '보어' 등의 명칭을 갖습니다. 문장을 구성하는 데 있어서 **필수적인 요소**는 '**주어**(il soggetto)' 와 '**술어**(il predicato)' 입니다.

'술어' 에는 동사가 단독으로 문장에서 완전한 역할을 하는 '동사적 술어' 와 동사가 단독으로 완전한 역할을 하지 못하고 명사 또는 형용사와 같이 술어를 구성하는 '명사적 술어' 가 있습니다.

문장에서 반드시 필수적인 요소는 아니지만, 문장의 내용을 더욱 보충해주는 역할을 하는 '보어(i complementi)' 에는 술어와 보어가 전치사 없이 직접 연결되는 '직접 보어' 와 전치사를 통해 연결되는 '간접 보어' 가 있습니다.

1) <u>Maria va a casa</u>. 마리아는 집에 간다.
　　　주어　술어 간접 보어

Maria : 주어

va : **동사적 술어**(문장에서 단독으로 완전한 역할)

a casa : **간접** 보어(술어와 목적 보어 사이에 **전치사** a가 **있음**)

2) <u>Maria mangia gli spaghetti</u>. 마리아는 스파게티를 먹는다.
　　　주어　　술어　　　 직접 보어

Maria : 주어

mangia : **동사적 술어**(문장에서 단독으로 완전한 역할)

gli spaghetti : **직접** 보어(술어와 목적 보어 사이에 **전치사가**
　　　　　　　없음)

3) <u>Maria è bella</u>. 마리아는 예쁘다.
　　　주어　　술어

Maria : 주어

è : 연결어

bella : 명사부(술어의 명사) } **명사적 술어**

> 🔘 위 문장의 경우에 essere 동사의 직설법 현재 3인칭 단수 형태인 è는 문장
> 에서 단독으로 완전한 역할을 하지 못하고, 주어와 뒤에 나오는 형용사
> bella를 연결하는 역할을 합니다. 그러므로 '연결어'(copula 연계어)라고
> 합니다. 연결어 뒤에 오는 형용사 또는 명사를 '명사부'(parte nominale,
> nome del predicato 술어의 명사)라고 합니다.

　먼저 평서문의 경우 매우 유동적으로 대략 다음과 같은 4가지
형식으로 나눌 수 있습니다.

평서문

1) 주어＋술어

<u>Marco lavora</u>. 마르꼬가 일한다.

여러분이 아시다시피 '주어'는 한 문장의 주체가 되는 말이지요. 주로 '-이 / -가'로 해석됩니다. 주어는 사람이 될 수 도 있고, 사물이 될 수 도 있습니다. '술어'란 주어를 서술하는 말로, 일반적으로 주어의 행위 또는 상태를 나타냅니다. 말씀드렸듯이 이탈리아어에서는 문장을 구성하기 위하여 **반드시 필요한 요소**가 '**주어**' 와 '**술어**' 입니다. 우리말에서도 예를 들어 '철수가' 라고만 표기되어 있다면 '철수가' 무엇을 하고 있는지 알 수 없습니다. 또한 '일한다.' 라고만 표기되어 있다면 누가 일하는지 알 수 없습니다. 그러므로 완전한 문장이 되기 위해서는 '철수가 일한다.' 라고 해야 합니다. 그러므로 문장에서 '주어'와 '술어'는 필수적인 성분입니다.

2) 주어＋술어＋보어

<u>Marco suona il pianoforte</u>. 마르꼬가 피아노를 연주한다.
이번에는 '보어' 라는 용어가 있지요? '**보어**' 란 문장에서 필요한 경우에 '**보충하는 말**' 이라고 생각하시면 됩니다. 위 문장에서 '마르코가 연주한다.' 라고만 해도 말이 되지만, '피아노를' 이라고 보충을 한다면 훨씬 더 많은 정보를 주는 문장이 되겠지요. 듣는 사람도 마르코가 피아노를 연주하는지 아니면 바이올린을 연주하는지 더 잘 알 수 있음은 물론이고요.

3) 술어＋주어＋보어

<u>Arriva Marco in treno</u>. 마르꼬가 기차를 타고 도착한다.
기차를 타고 도착하는 사람이 '마르코' 라는 것을 강조하기 위해 주어를 동사 뒤에 위치시킨 경우 입니다. 이처럼 주어의 행동 보다 '**주어를 강조할 경우**' 에는 주어를 술어 뒤에 위치시킵니다.

4) 보어+술어+주어

Oggi arriva mio fratello. 오늘 내 형이 도착한다.

이 경우는 'Oggi(오늘)' 이라는 시간을 나타내는 보어가 문장
의 제일 앞에 위치한 경우입니다. 일반적으로 이탈리아어에
있어서는 시간을 나타내는 보어가 대부분 문장의 앞에 위치합
니다.

부정문

이탈리아어의 문장에서 '부정' 을 나타내기 위해서는 'non' 을
사용합니다.

1) 주어+**non**+술어

Lui **non** lavora. 그는 일하지 않는다.

2) (생략 주어)+**non**+보어+술어+보어

(Io) **Non** ti chiamerò ora.

(나는 너를 지금 부르지 않을 것이다.)

상기한 예문의 2)에서 '생략 주어' 라는 용어가 나왔지요? '생
략 주어' 란 굳이 주어를 생략하더라도, 주어가 누구인지 알 수
있는 경우에 생략된 주어를 뜻합니다. 우리말의 경우도 있지요.
예를 들자면, '학생들이 무엇을 하고 있습니까?' 라고 물으면
'공부하고 있습니다.' 라고 대답하더라도 누가 공부를 하고 있는
지 이해하는 데는 아무런 문제가 없지요. 바로 이런 경우에 생략
된 주어를 **'생략(또는 암시적) 주어'** 라고 합니다.

또한 문장에서 술어가 생략된 **'생략(암시적) 술어'** 를 취하는
경우도 있습니다. 예를 들자면 우리말에서 '누가 전화했어?' 하
고 물으면 '철수가.' 라고 대답할 수 있습니다. 굳이 '전화했다'

라는 말을 반복하지 않더라도 이해할 수 있습니다. 이탈리아어의 경우도 그렇습니다. 다음을 봅시다.

◑ Chi ha telefonato? 누가 전화했어?

  - Roberto (<u>ha telefonato</u>). 로베르또가.
    주어   +   (생략 술어).

의문문

이탈리아어의 의문문은 평서문에 물음표를 붙이거나 술어와 주어의 위치를 바꾸고 물음표를 붙이면 됩니다. 말할 경우에는 문장 끝 부분의 억양이 올라갑니다.

1) 주어＋술어?

  <u>Marco</u> <u>lavora</u>? 마르코는 일하니?

2) 술어＋주어?

  <u>Lavora</u> <u>Marco</u>? 마르코는 일하니?

3) 주어＋술어＋보어?

  <u>Marco</u> <u>suona</u> <u>il pianoforte</u>? 마르꼬가 피아노를 연주하니?

4) 술어＋(**보어**)＋주어?

  <u>Suona</u> <u>(il pianoforte)</u> <u>Marco</u>? 마르꼬가 (피아노를) 연주하니?

5) 의문사＋술어＋주어?

  <u>Dove</u> <u>è</u> <u>tuo padre</u>? 너희 아버지 어디계시니?

명령문은 상대방에 대한 명령이므로 **주어가 반드시 생략**됩니다.

(**생략주어**) + 술어 + 보어
(Tu) Vieni subito! (너) 즉시 와라!

감탄문의 경우에도 주어가 대부분 생략됩니다.

1) 감탄부사 + 술어 + (**생략 주어**)!
Quanto sei intelligente (tu)! 넌 참 똑똑하구나!

2) 감탄형용사 + 명사!
Quante bugie! 얼마나 거짓말을 하는지!

이상에서 보았듯이 이탈리아어의 문장 순서는 '유연성'을 지니고 있습니다. 또한 문장에 있어서 '주어' 또는 '술어'가 생략되는 경우도 보았습니다. 물론 '주어', '술어' 뿐만 아니라 '보어'도 생략할 수 있고, 동시에 '술어 및 보어' 또는 '주어 및 술어' 또는 '주어, 술어, 보어'를 생략할 수 있는 경우도 있습니다. 다음 예를 봅시다.

1) Chi suona il pianoforte? 누가 피아노를 연주하니?
Marco. (suona il pianoforte). 마르꼬.
(생략 술어 + 생략 보어)

2) Che strumento musicale suona Marco?

마르꼬는 어떤 악기를 연주하니?

(Marco suona) Il pianoforte. 피아노.
(생략주어＋생략술어)

3) Suona Marco il pianoforte?

마르꼬가 피아노를 연주하니?

Sì. (Marco suona il pianoforte) 응.
(생략주어＋생략술어＋생략보어)

수고하셨습니다.